为房痴狂

16位房产经纪人口述实录

刘青松 著

南京大学出版社

目录

序言

一位女人遛狗，狗溜进一个风景优美的高档小区，玩疯了，不愿出来。可高档小区外人不能随便进，女人爱狗心切，买了一套该小区的房子。

一位与人合租的姑娘，在房产中介做租赁业务的小伙子搬东西时不小心碰到她一只原价 25 元的暖壶，壶盖裂了个口子。她要小伙子赔。小伙子说，这么点儿损伤怎么赔？姑娘不依不饶，给他连打三天电话，最后哭了："我一个姑娘家在北京打拼，天天啃煎饼挤公交加夜班，我容易吗?"小伙子在微信上给她转了 10 块钱。

一位刚卖了房子的设计师，搬家公司用了十几车才搬完他房里的东西。光衣服就搬了好几车——为了防皱，衣服都没打包，一件件连衣架直接挂在车厢内专门准备的无数个晾衣架上。设计师的一百多件衬衫，熨得平平整整，一个褶皱也没有，光鲜亮丽地去了新家。

一位卖掉房子的男人，搬家时把那扇高档防盗门卸走了。买家开开心心去收房，看到一个空空的门框，两边的春联"年年有余"上全是灰。

一位还没卖掉房子的男人，向每个带客户来看房的经纪人收两百块"看房费"。"来这么多人，把我这进口木地板踩坏了咋办？"

一对中年夫妇，走进民政局办事大厅办离婚手续。工作人员扫了他们一眼："又是买房的吧？离婚比结婚还高兴！"

一位经纪人，每年秋天都会买十来箱苹果。苹果是她常带客户看房那个高档小区的一个保安家种的。她每次去，保安都在小区门口笑脸相迎："姐，来啦！"忙不迭地开门。而其他经纪人去，保安就阴着脸："你不是业主，不能进！"

这样的故事，我听过很多。作为房产经纪人家属，每次听妻子或熟识的经纪人说起这样的故事，我总是一笑而过。在这个新闻比小说精彩的时代，我像很多人一样时常意识不到，真正的荒诞是每天都被狗咬却还把它当宠物。

直到有一天，妻子给我讲了一个故事：客户两口子因选房分歧，矛盾总爆发，在她车里互吐口水。笑过之后，我心里的某根弦被扯了一下——这不就是最有烟火气的中国故事吗？

我决定去采访这些房产经纪人，听他们讲故事，然后写下来。

一位经纪人去找跳单的客户讨说法，在客户的豪宅门前搭起帐篷，准备打持久战。结果只在帐篷里睡了一晚，就被名校毕业的董事长客户的自私无情逼退。

一位经纪人买通了某个小区的物业，独家经营，同行全被小区保安挡在门外。一个客户跳他单，结果运装修材料的车进不了小区，乖乖投降。

一位经纪人面对卖遗产房时为了多分十来万吵得不可开交的四兄弟夫妇，讲"叔叔阿姨，家和万事兴"。

一位经纪人面对买卖六百多万房子却连五百多块有线电视费都不愿出的客户和业主，自己把这笔钱垫上了，对两个老板说，"就当请你们吃顿饭"。

一位经纪人被为了买房假离婚结果丈夫真的携小三消失的女人泣问："我的老公在哪儿？"

一位经纪人被贷款近千万给情人买房结果情人偷偷卖房卷款而去的男人欲哭无泪地问："我的女人在哪儿？"

这样的故事，因房而生，是利益纠葛，是人性黑洞，是世间百态，也是凡尘中国。

故事里有房产交易的套路和内幕，有人与人之间的算计和善意，有用力活着的人发出的灵魂拷问，也有这一切众生相背后的隐秘规则与社会病根。

　　作为口述故事集，我希望记录的不仅是一群人，也是一个时代。

当你懂得了各种套路，就不想用任何套路了

口述人：高星，男，生于 1987 年，河北邢台人，2012 年入行，现工作地北京。

采访时间：2020 年 12 月 29 日、2021 年 1 月 4 日。

有人把房子挂出来，别人要买时坐地起价，等别人加了钱，又不卖了，就因为活得无聊，找点儿事做，逗你玩。

有人为了省几万块中介费，跳了单，当你去理论时，想用五百块打发你；当你说要打官司时，再给你加五百。

有人买了房子，又不想要了，为了退单，各种找碴，要业主证明"你老婆是你老婆"。

有人为了买房，把自己逼疯了，把家人也逼疯了，两口子在经纪人的车上对骂，互吐口水。

疯狂的房子，把人折腾得够呛。

沉重的房子，被人们寄托了太多东西。

其实，房子就是房子，它本来只应该承载心的安放，家的温暖。

作为卖房子的人，我最大的价值就是帮人找到一个家。

卖房十年，见识了各种各样的人和各种各样的套路，所谓人情冷暖，世间百态。

这样的人生，太丰富，太刺激。

"要两万工资，你疯了吧？"

2011年国庆节我从家里出来的时候，身上只有一千块，把我带大的奶奶给的。走之前我妈吵我："你看你上大学花了十万块，完事儿一个月挣五六百，你不找点儿挣钱的事干？"

吵架之后，我一赌气就走了。

到了北京，投奔一个做财务的高中同学。他在东三旗村里租了个单间，比北漂刚开始住地下室强多了。买了被褥和洗漱用品后，我身上只剩三百多块了。就赖他那儿住着，吃饭也基本上是他掏钱。

出来后从不找父母要一分钱，他们以为我那一千块花不了几天，花光了就会回家的。

简历也是同学帮我投，一天投了50多份。我大学学的平面设计，就投广告公司。

后来有两家公司要我，一家试用期工资两千多，另一家多一千。我选了钱少的那家，因为气氛好，待着舒服。

同学问起工资，我没好意思说。他那时候挣五六千，我觉得挺多了。

干了一年，我也挣到了五六千。但是天天加班，太累了。成天坐电脑前，颈椎疼。有一天晚上疼得睡不着，心想这样下去人就废了，第二天就辞了职。

同学那时候也辞了。这家伙老跳槽，跳一次，工资涨一次。他去华为面试，我陪着，听他要两万的工资，我说："你疯了吧?"

同学跟我说，要不你换行吧。当时他交往的女孩是房产经纪人，在小公司干，她说一个月最少挣一万，"你来试试?"

那时候我对房产中介一点儿概念都没有。我第一天到北京，看到我爱我家店面的招牌还以为是宾馆呢。

我说，那就试试吧。投了十来份应聘房产经纪人的简历。

有家小公司约面试，我去了，结果居然没找到地方，电话也没打通。正站路边儿泄气呢，接到了链家约面试的短信。

"你肯定不行，你不要干"

去了链家的惠新里店。店长岁数跟我差不多，听我做了自我介绍，说我太腼腆了。

我问："我能行吗?"

他说："只要你自己觉得行，那肯定行。"

第二天，大区面试。我新买了一套一百多块的西服，一双六十多块的皮鞋，穿着去了。

去面试的有一批人，我看着他们一个接一个丧着脸出来了。

轮到我，进去之后，大区总监板着脸坐那儿。

听我自我介绍完，她问："你没干过销售，为啥来干这个？"

我说："我想试试。"

她说："你不适合干这个。"

我问："为啥？我还没干，为啥说我不行？"

她直截了当："你肯定不行，你不要干。"

我也来劲儿了："我就行，我就能干了。"

气氛一下就僵住了。她说："你走吧。"

我特别难受，起身就走，可以说是摔门而去。

后来店长给我打电话，问起面试情况。我说跟总监吵起来了，我过不了了。

他笑笑："没事，我们总监就是这样的人。"

确实，我后来了解到，总监不管对谁都这么严厉，能把手下的区经理骂哭。经纪人的衬衫没扣领扣，她将领扣一把扯下来。

其实，我后来还挺感谢她的。她给我那当头一棒，一直在敲打我。

店长说他再去说说，没问题的。

第三天，店长又打来电话说："你已经过了。"

我有点蒙，心想，这都能过？

揭掉又贴上的条子

很多人一起入职培训三天，其中有个环节：抽到谁，谁就要上台唱歌。

我被抽到了，当时紧张得腿都哆嗦。

心里打着鼓上去，唱啥？脑子里蹦出来《两只老虎》。这歌挺短，也好唱。我张口就唱，声音特别大，给自己壮胆。没想到效果还不错，底下的人都和着节奏拍掌。

下到店面之后，先做租赁，跟了一个小我好几岁的师傅。刚开始啥都不懂，都不敢给客户打电话。同事打电话的时候，我就在旁边听着。我特意准备了一个笔记本，各种话术记了一整本，结果一打电话还是犯怵，话都说不利索。

找客户主要通过三种方式：发帖子、摆牌、店面接待。那会儿有不少经纪人发的帖子是假房源、假价格，比如两千的租金只写一千，就为了上户。我也这么干过，当时整个行业都这样。摆牌就是在牌子上写十来套主推房源，拿着在路边一站一天，可能上两三个户，运气不好一个也不上。店面接待也要碰运气，客户上门，谁先站起来算谁的。有时候你坐了半天都没人来，一上厕所，客户就被同事接走了，只看了一套房子就租了。

有的老经纪人手里有积累下来的周边小区业主信息，但是一般不会分享出来，我们新人也不好意思去要。怎么弄？只有一个笨办法：挨家挨户去贴条，贴人家门上。条子是手写的，写上自己的身份、姓名、电话，让对方有租房或售房意向时联系。

后来有业主投诉给物业，物业的人拿着条子找到店里来。店长一看，条子我写的，赶紧给人赔笑脸，转身训我："高星，怎么能这么干呢？去把条子都揭下来！"

我就去了，一层楼又一层楼，一家又一家，揭掉门上才贴的条子，一肚子委屈。

回到店里，店长拍拍我肩膀："没事儿，下次再贴。"

第一单：带看带到客户走不动

入职快两个月了，我还没开单。感觉自己每天付出挺多，但是没有成效。想起面试时总监说的那句"你肯定不行"，也开始怀疑自己了。

看到我有点儿打退堂鼓的意思，店长鼓励我说，你才干几天，至少得看三个月。

结果没过几天，店长自己离职了。

快要坚持不下去的时候，我开了第一单。

那是个店面接待的客户，同龄人，要租地铁5号线沿线装修好的小两居。我第一次带看，非常用心，把系统里能看的房子都找出来，记在一个本子上，带他看了半个月，从北四环到北二环，看了30多套房子，他都没看上。

后来的一个周六，又带客户和他女友看了一整天，看了10多套房子，到最后他俩都走不动了。客户选定了一套，跟我说："高星，咱别找了，你们中介太辛苦了。"

签合同很快，客户也不谈价，20分钟就签完了。本来我跟客户说找领导帮他申请中介费折扣，他说不用，还说今后他要卖自己的房子的时候，一定找我。

第二年夏天，北京下暴雨，客户租的那套顶层的房子漏水，他又找我换一套租。这次只看了一套房就租了。

开了第一单也不敢缓口气，眼看着三个月试用期快到了，我的业绩还不够转正。

要走人的时候，新店长救了我。

当时有个租赁客户，房子还没租就先请我们吃饭。我心想这人还挺讲究的。饭桌上，才知道他要买房。店长不声不响约了业主，带客户看房、谈判，签了这一单，划了一些业绩给我们三个面临淘汰的新人，把我们留下来了。

转正后好像就顺了，很快就开了第二单、第三单。后来业绩就比较稳定了，每月差不多要开六七单，收入五六千。

在这个行业，我活下来了。

当时我总结，只要有思想，开动脑筋把合适的房子推给合适的人，再加上勤快，就能干这一行。

月收入顺利过万

租赁做了一年多，我转做买卖。虽然一开始对卖房子不懂，但我转得还算顺利，因为用心、勤快。

一天，我在店门口站着，一个路过的大哥主动跟我搭讪，聊了一阵，说换房时找我。

后来他真找我了，签了独家协议，准备先定房后卖房。不过，他那套一居的房子采光不好，有硬伤，我就直接告诉他房子可能不太好卖，挂牌价最好降点儿，不然那边定了房，这边房子迟迟卖不出去就被动了。大哥说："你这人太实诚了。"

店长也说我太实诚："你就不能先让客户定了房再说吗？"

我就是不想骗人。人家跟我签独家，本身就是一种信任。

我给大哥争取了五个月的周期，两边同时进行。

后来一个同事把那套房子卖了，成交价比大哥的心理价位高了 5 万；另一个同事帮他买了套三居。大哥对我说，没找我买，有点儿不好意思。我说没事，你买到合适的房子就行。

另一套独家房源，我也费了很大劲儿。

以前的一个租户给我打电话，说租的房子楼上漏水，被淹了。我找业主解决后，租户搬走了，房子空了一段时间。我让业主卖掉房子，他没同意。

后来有一天，业主打电话给我说，房子还是卖了吧。签了独家，给了钥匙。

我去打扫卫生，里边一片狼藉。水淹的痕迹还在，租户养狗，狗毛到处飘，我弄了两个半天才弄干净。房子在三层，从一层到三层的楼道，我也打扫了。遇到刮风下雨，还去查看一下窗户，顺便再扫扫。

借我墩布的对门邻居给业主说，这中介小伙子太卖力了。

那时候，这套房子好几家中介都盯着。小区门口一家公司的经纪人把业主拉进店，让他把房子交给他们卖，保证卖得快，价格高。

业主一出来就告诉我："你放心，我只让你卖。"

同事杨哥是老经纪人，知道这事后说的一番话，我记忆犹新："其他公司有客户，你配合让他们看就是，不能不让人家看。万一人家有靠谱客户呢？咱不能耽误业主卖房。既然业主信任你，你也要相信咱们的实力，只要服务到位就行了，是你的就是你的。"

其他公司不死心，还在纠缠业主。也有客户找他。业主又给我打电话，有点着急。我说："哥，没问题，他们要看房的话，我随时配合。"

过了一星期，这套房子被我们店里一个同事卖了，成交价高于市场价。

独家房源的业绩，加上顺得有点不敢想象的买卖第一单——也就是在店门口接了个客户，往他留的邮箱发了两套房子，很快就成交了——我的月收入过了万。

我开始有点儿飘，感觉买卖没有想象的那么难，无非是客户想找什么样的房子，给他找就行了。

其实根本不是那么回事。我对客户需求的了解、跟客户业主的沟通、对房源的把控、对房子的匹配、对大量后续工作细节的掌握，都差得太远。

很快，我就被市场教训了。

一套反复上架的房子

一个五六十岁的业主找我卖他的小三居。我带了一个很靠谱的客户看了房，双方坐下来谈，价格都谈妥了，约定第二天到店里签合同。第二天一见面，业主就说要涨价 10 万。

我急了："叔叔，咱昨天不是都说好了吗？"

业主不以为然地说："我可没答应你，我得回去问问我爱人同意不同意呀。"

我赶紧给客户做工作。客户同意加 10 万。

我心想这下总行了吧？还不行。业主向我发话了："我没问题，你再跟我爱人沟通一下。"

结果，业主爱人直接说，不卖了。

我问，是不是对价格还不满意？

业主爱人说，多少钱都不卖。

我有点儿欲哭无泪。我对业主说："您要想卖，咱卖；不想卖的话，房子先下架。"

当天晚上，业主打电话来，让我去他家谈一谈。我去了。业主一通抱怨，说他签了独家，而爱人现在要把他的房子下架。我哭笑不得，让他和爱人达成一致后再找我。

过了两天，业主告诉我，房子接着卖。

我问："您爱人同意卖了吗？"业主说，同意了。我又让他签了配偶同意出售证明。

这一次，业主的报价再涨 15 万，直接把先前那个客户吓跑了，只能再给他找客户。

后来又有一个客户跟业主谈。业主咬死价格，一分不降。

没想到，准备签约的时候，业主又不卖了，气得客户当场去我爱我家买了同小区同户型的一套贵了 5 万的房子。

我没啥可说，把业主的房子下架了。

过了两年，我偶然发现，业主那套房子又挂出来了。

这人为啥会这样？可能跟他的生活状态有关系。他跟爱人分居，跟儿子也不和，老不顺心，孤单，无聊，把房子挂出来，也许就是想找点儿事做，找人说说话。

这么一想，我觉得他也可怜。

这个单子搞得这么闹心，我才体会到，买卖不好做。

这不是钱的事儿

跳单，我也经历过。

做租赁的时候就被人跳过一次单。客户是一对小情侣，我打车带他们去看房。业主正在房子里打扫卫生，小情侣看得很细，看完对我说考虑考虑，下午再联系。当天下午，我几次打电话过去都没接。

我知道，不接电话，肯定有变。我又给业主打电话。业主说，房子已经租出去了，就是上午看房的那俩租的。

我一下就明白了——小情侣后来私下找了业主。

我约上店长一起去找小情侣算账。

到了他们租的那套房子门外，敲门，摆出一副气势汹汹的样子。开门的是小伙子，一看是我们，愣了一下，眼神有点儿慌张。他没开里面那扇铁门，堵在门口。

我带着火气说："哥们儿，我辛辛苦苦带你们看房，你们这样做，对吗？我们店离这儿不远，你们住着能安心吗？"

小伙子定定神儿，扬了扬手中的手机说："你别威胁我，我正录音呢。"

我冷笑一下："你随便录音，看警察到时支持谁！"

有哭声传出来，我透过铁门的空隙，看到小姑娘在里边捂了脸，肩膀抽动。

我心软了，转头对店长说，算了，咱们走吧。

转做买卖后经历的一次跳单更气人。

一个三十多岁的客户，我带他看了两个月的房子，最后把我跳了，找小公司签的。小公司一般只收一个点的中介费，我们是 2.7%。一套 500 万的房子，我们的中介费多出 8.5 万。

我找客户说理，他还振振有词："你家的中介费太高了。"

我一听就火了："带你看房的时候你为啥不说中介费高？！"

客户说："这样吧，我给你 500 块。"

说实话，这有点侮辱人的意思了。我直接掸回去："我不要你这点钱，我要个说法。当初你签了不跳单承诺书的，我那儿还有带看视频，我也知道你的单位地址，你自己掂量掂量。"

客户不想闹大，说他考虑一下，希望和解。但后来他可能咨询了律师，口气又硬了，说他不怕。

我说："我们公司有法务部，我去投诉，你等着他们找你吧。"

客户又换了张脸："兄弟，你别那啥了，我再多给你点儿，给你 1000 块。"

气得我扭头就走了。

我没去法务部投诉。这事也就不了了之了。

有老经纪人跟我说："这类官司，法务介入也不容易打赢。给你钱，你就拿着吧。"

我肯定不会拿这钱，这不是钱的事儿。

想退单，客户找不完的碴

我在链家做的最后一单，退单了。

当时我在一个小区门口摆牌，有个四十多岁的男人跟我搭话，说要卖房。他穿得朴素，褂子，布鞋，头发也乱。后来我才知道，他是个干部。到店签了独家。没留手机号，给了一个座机号码，打过去都是秘书接。

他的房子是个小两居，不唯一，个税有点儿高，挂出来好久都没卖出去。我向他提出，能不能配合办个唯一，搞个假离婚。他很干脆地回复：办不了，不过可以把房价让出来一点儿，弥补客户的税钱。

后来我带了个客户，比我大两岁的姑娘，买婚房，只有买一居的预算，看上了这套房子，就是差点儿钱。

那是 2013 年，房价一直在涨，我劝姑娘够一够，抓紧下手。业主够意思，价格给她降了五六万。姑娘还在纠结。我对她说，价格再给你降 5 万，你能定吗？她说，行啊。

店长拦我："你不要替业主做主。"我是觉得这套房子的周期够长了，逼她一下，要么成，要么另找客户。

这低得不能再低的价格，业主也同意了。

没想到，要签合同的时候，姑娘说，首付款还差一万。我表态，可以帮她垫一万。

店长又拦了我一把："万一客户不还这一万呢？"他说有这样的例子：一个业主向经纪人借了七千块，后来一直没还，理由是经纪人把他的房子卖便宜了。我说没事，客户买了房子，跑不了。

结果，还没等我垫那一万呢，姑娘就想退单。

听说姑娘她爸从老家来北京看了房子，没看上，说这买的什么破房子。可是，能拿北京的房子和老家的大房子比吗？

那时快网签了，姑娘一直往后推，开始找碴，要看业主的各种证件。房产证、身份证、结婚证等都有，就缺个配偶同意出售证明。当时业主的爱人在国外陪孩子读书，业主说可以让她在国外签好字快递回来。姑娘不认："谁知道是不是本人签的？"我说可以做公证，要是觉得公证麻烦，可以跟对方视频通话确认。姑娘不依不饶："谁知道是不是她本人？长得像的多了。"

我说，你要是这么闹的话，我真的没法儿弄了。

姑娘表示，她咨询过律师了，她的质疑没毛病。

我也就跟她摊牌了："你还想买这房子吗？想买的话，咱就好好交易，有啥问题咱就解决。你要不想买，我想办法找业主退单，让他把定金退给你，不耽误大家时间。"

姑娘没说买，也没说不买，就这么拖了两个月。

这期间，我奶奶病了，我离职回家照顾老人，把这个单子转给了徒弟。

姑娘后来如愿退了单。业主特别通情达理，把10万定金退给她了。我们之前找她收的佣金也全退了。退单时，她可能也不好意思了吧，没跟我说一声，从此断了联系。

退单一个星期后，那套房子被我徒弟顺利卖出去了。业主挺高兴地打电话来向我道谢。

这个单子让我挺感慨的。其实硬不让姑娘退单完全没毛病，但冷静想一想，也能理解对方那种心情。这么大一笔钱交出去，谁都有压力，再有干扰因素出现，压力更大。干我们这行，还是要给人留余地。

客户给我上的交易课

我回家照顾奶奶一年多。她去世后，2015 年 7 月我回到北京，还干老本行，入职我爱我家。

可能是年龄大了吧，我的心态更平稳了。2017 年"317 新政"出来后，每个店都有好几单客户违约，同事离职的也好多。我没动过走的念头。这一行干了这么多年，要我换行，在办公室一坐半天，我都坐不住了。那就慢慢挺过来吧，多做点儿租赁。

市场在锻炼经纪人，也在锻炼客户。李哥就是其中很有意思的一个。

李哥是天津人，五十多岁了，搞技术的，在店门口碰到我，说想买 50 年产权的商住房。我说，现在商住房的政策卡得死，价格一直在掉，很多人出手还来不及。可他的思路很清晰，当年他在房市的第一桶金就是在一套商住房上赚的，从 30 万变成 60 万，再拿赚的钱买了一套 70 年产权的尾盘小两居。趁现在市场低迷期，他要"转换资产"，也就是卖掉小两居，入手两套优质商住房。反正他不需要落户，也没有孩子上学的问题，而我们店附近的商住房民水民电、有燃气，也是不动产权大红本儿，现在房源多，价格低，可以挑到好的。

听李哥聊，感觉他对政策、行情、各类房产特点甚至周边小区的户型都很了解。我开玩笑说，您都可以来干中介了。

李哥的那套小两居有两处硬伤：隔壁单元发生过凶杀案；底层，采光不好。他大方地给出了激励政策：卖到他的心理价位，奖励经纪人 5 万；超过心理价位的金额，全部奖励给经纪人。这么一弄，店里同事都卖力推他的房子。虽然最后的成交价没到他的心理价位，经纪人没拿着奖励，但大家都念他的好。

之后，李哥在我们店附近的商住房小区先后买了两套装修好的 Loft：一套 63 平方米，南北通透，自住；卖完那套小两居之后，又买了一套 50 平方米，全南，出租。买小的那套时，我在门口等了业主 7 个小时。李哥看在眼里，签约后，给了我和一个拿到房源的同事现金奖励。签约时我本想帮他多谈点儿价，他轻描淡写地说，没必要，差不多就行了。

后来，李哥还通过其他中介公司买了一套小底商。看房时，让我陪他一起去，认真听了我的建议。他妹妹买商住房，也找我买的。

疫情期间，李哥急需用钱，决定卖掉租金下降的小 Loft。不过，我们带看时遇到个新问题——由于防疫管控，物业不让中介进小区。李哥及时出面，到小区门口把客户接进去，自己带客户看房。他还在网上发布房源信息，我打趣："您这是真干起了中介的活儿。"他笑了："放心，我不会跳你们单。"

房子卖了，李哥真的没跳单。

现在，李哥有事没事儿就来找我聊天。他说："我就喜欢跟中介沟通，因为这样我就能第一时间掌握各种信息。买房子，你给我说得天花乱坠，没用，我自己会分析。"

这样的人不赚钱谁赚钱？他要来干中介，也是个王牌。

时间长了，我们处得像朋友。我好几回借车，他二话不说就把车钥匙给了我。

在他身上，我学了很多东西。

比如卖房的策略。他有套 70 年产权的一居室找我卖，市场价 220 万，他挂 250 万，心理价位 230 万。我说："哥，你的价格挂得太高了。"他笑笑："没事儿，你先帮我卖着。"后来有个客户看上了他的房子，我约双方到店里谈，主要是谈价格。我还没说几句，李哥打断我："你别说了，让我们自己聊吧。"他俩开聊，几个来回就把价格谈定了：210 万。就像谈恋爱似的，10 分钟私订终身。客户高兴坏了，没想到李哥这么爽快。这种谈价格的套路把我都惊着了。一转身，李哥拿卖房的钱买了套 50 年产权的房子。当时房价一直在涨，他出手很快。买的那套房子才过户一个多月，就涨了二三十万。

所以，我觉得二手房交易市场变化太快，你不可能永远踩在最高点上，没必要算得太精。

最难搞的客户

干了这么多年，啥样的客户都见过，其中最难搞的是从房产小白变成专家的方姐。

2018 年 6 月的一个周末，我穿着工装路过街心公园门口，一个四十多岁的大姐招呼我："先生您好，这儿有我爱我家吗?"脸上带笑，很有礼貌。

我问她："您是找人呢，还是想买房?"

她说："我想了解一下周边的房子。"

我问她想买哪儿的房子，她说不知道，她刚从外地来北京，东南西北都搞不清。

交谈中我了解到，她姓方，南方人，做财务工作，丈夫是军官，刚调到北京。他们想买套房子落户，总价控制在 400 万以内。

我问："你们有购房资质吗?"

方姐愣了一下："有啊，我爱人来北京上班，户口也转到北京了。"

我提到她爱人的身份证、军官证，她说，还没有，正办呢，很快就下来了。看来，购房资质是啥，她还没搞懂。

我说，那就等他们先把资质搞定。她说不行，他们必须买了房才能落户，还是边等资质下来边看房吧。

方姐第二天就要回老家，下个周末再来。我们就约定，到时先带她看看房。

下个周末，方姐和她爱人袁哥来了。方姐说，必须买南北通透的板楼。至于区位，她完全没概念。

我带他们在袁哥单位附近看了一套房。业主报价370万，她只出300万。我说不用谈了，肯定谈不拢。

第二天，打车带他们去大兴看了一个新楼盘。方姐觉得不错，一问，要两年才能交房，赶不上落户，迅速排除。

于是就踏上了带方姐两口子看房的漫漫长路。方姐几乎每个周末都到北京来，来了就找我看房，天南海北地看，看二手房也看新房，北京的新楼盘看了有八成，上百个，有的楼盘还看了三四次。

不管看哪儿的房子，方姐刚开始都想定，却因为资质、落户等各种问题，加上他们的买房需求一直在变，迟迟定不下来。

每次看房，我都问方姐："大哥的军官证、身份证办下来了吗？"她总是回答："快了，快了。"

这一"快"，就是两年。直到2020年，这些证件才办齐。

这两年里，方姐也来北京工作了，儿子小袁刚成年，一家三口挤在袁哥单位集体宿舍的一个小单间。买房成了方姐的头等大事。除了跟我,她还跟别的中介到处看。她在老家的大房子一时半会儿卖不出去,看她愁得不行,我就帮她跟那边的经纪人沟通。

时间一长,也许是受狭小的居住空间影响,加上夫妻关系、母子关系紧张,方姐有些不对劲了,变得神经质,有时候很强势,甚至蛮不讲理。每到一个售楼处,她都要去问其他客户为什么买这个楼盘,再挑出些刺儿来。她动不动就骂销售,把女销售都骂哭了。好几个销售私下跟我说:"快带上你的客户走吧,她简直像个泼妇。"有时候气急了,她骂她老公是"畜生",她儿子是"小畜生",对儿子吐口水。小袁吼她:"你再这样,我去跳楼!"

方姐的情绪发作起来,也不给我好脸儿。有一次,她气呼呼地说:"高星,今后别再联系我了!"

袁哥喜欢研究房子,做了很多功课,在和买房有关的很多问题上总是和方姐意见相左。方姐看重交通和房子面积,他看重房子的位置和升值空间,方姐看上的很多房子,他一下就给否决了。每个售楼处都有销售问方姐:"你们的需求点到底在哪儿?"她说,她自己也不知道。买的房子,方姐要落夫妻名下,袁哥要落儿子名下。两人说着说着就吵起来。看一次吵一次,带着脏字儿吵得全售楼处的人都能听见,我劝完这个劝那个，别提有多尴尬。

最难堪的一次发生在带两口子去看新房的路上。

那是个周末，我请同事刘姐陪我一起带方姐两口子。这个单子拖得太久了，我希望经验丰富的刘姐能帮忙搞定。去看一个新楼盘，我开车，袁哥坐副驾驶，刘姐和方姐在后座。

也许是同为女人的缘故吧，方姐向刘姐诉起了苦，说她太难了，买房子全靠她想办法筹钱，袁哥天天在外面吃五喝六，家里的事啥也不管，跟大爷似的，太自私了，毛病还多，她看上的房子，袁哥总要跟她唱反调。"他是想让一家人露宿街头吗？我都不愿意跟他住一起，感觉特别害怕。"说着说着就哭了起来，一把鼻涕一把泪。

这么一数落，袁哥听不下去了，扭头讥讽方姐是个泼妇。方姐更来气了，直接开骂。袁哥也火了，跟她对骂。刘姐怎么劝都劝不住。

两口子越骂越大声，方姐在气头上往袁哥身上吐了一泡口水，袁哥马上回了一泡口水，还把手机砸到方姐身上。方姐炸了，连连朝袁哥吐口水。袁哥又回吐过去。一时间，车上到处飞舞着唾沫星子。

后来刘姐私下跟我说："那天晚上回家，我洗澡洗了好久，恨不得连人带衣服全扔进洗衣机里。"

口水大战持续多个回合后停下来，方姐彻底失控了，开车门要跳车，被刘姐死死抱住，好说歹说才劝得平静了一点儿。

带方姐两口子看房，店长在工作群里问情况怎样，我一般都回"又干起来了"，老有同事问"你这客户是不是二婚的"。

两年多时间，虽然被耗得没脾气了，我还是一次次带他们看房。也想过不带了，人家也能看出来，怕我放弃，一个电话打来，我又心软了。

直到 2020 年 12 月他们才定了房。一个新楼盘，看了好几次，定房那天，方姐单位有事去不了，让袁哥父子俩去定。我开车带去了。有套特价房，销售一直催交定金，袁哥还慢悠悠看楼栋图呢。刚看完，一问，那套特价房两分钟前被其他人定了。

方姐在电话里破口大骂。这回，袁哥真是怵了，对小袁说："再不定房，你妈就疯了。"

最后定了一套跟特价房同户型但不带飘窗且贵了 10 万的。

定完房，袁哥对儿子半开玩笑半认真地说："你别出国留学了，你一出去，你妈天天练我。"

在买房级别上，方姐也练成高手了。经过两年多满世界看房，加上她找的经纪人太多了，老有人给她提返佣之类的事，她现在懂各种销售套路，会跟销售谈各种折扣、返点。她定的这套房，要我给他返一半的提成，说其他中介向她提过可以返。实际上，佣金到我手里的不足三万。即便如此，我也答应了。

　　不管怎么说，总算帮方姐买到房子了。虽然两年多里带她看房，我花了四千多块打车费，损失了好几个客户，也被伤害过，但我真的还挺感谢她的，因为这对我做业务是一种很大的锻炼和提升，包括把握客户需求的能力、自我心态调整等等。能拿下这么难搞的客户，才觉得自己是一个资深经纪人了，后面再难的单子也不怕了。

　　我感谢方姐，还因为她让我对人生有了更深的理解。其实她挺好的，让我帮忙往她家搬东西，家里没人，她也不防备我。我觉得，在买房过程中她的那些抓狂表现是因为她内心没有安全感。正是因为很多人没有安全感，房子才被投射、附加了这么多东西。

　　　　　　　　　　　　　　　　　　（部分人物为化名）

采访手记

　　对高星的采访分两次进行，前后持续七小时。咖啡厅的小桌子那头，他的目光从不躲避我的直视。他声调不高，语速不快，几乎没有激动的时候，像是把自己从故事中抽离了。

高星说他入行之前是个腼腆的人，和陌生人说话还会脸红。而这很大程度上缘于高中时的一个意外事件——他打篮球时放倒了一个同学，对方胳膊摔折了。自此以后，他就放不开了。

而做房产中介之后，用他自己的话说，"脸皮越来越厚"。

这个行业给了他很多。十年前初到京城时，月入过万，他根本不敢想。当年他怀揣一千块赌气离家，只为证明自己，最难的时候也没向父母要一分钱。现在，他常给父母钱。而赚钱之外，他最大的收获是真正理解了谁都不容易，心态更平和了。

高星的同事在工作中需要人帮忙时，第一个想到的总是他。带看，发件，查房源信息，他办得妥妥的。有时候，同事提醒他，"多捯饬捯饬自己，姐给你介绍个女朋友"，他会响亮地应一声："好嘞！"

高星计划将来回老家开个房产中介门店。现在，不管怎样的业主和客户，他相信自己都能应付。他希望更体面地赚钱。"当你懂得了各种套路，你就不想用任何套路了。"

一年成交一百多单，我的传奇，没有秘密

口述人：王峰（化名），男，生于 1978 年，湖北潜江人，2003 年入行，现工作地深圳。

采访时间：2021 年 3 月 3 日、2021 年 3 月 4 日。

我是苦出身，家庭条件很差，也没读过啥书，小学文化，在老家待着根本没希望，媳妇都娶不上。年纪轻轻闯深圳，当保安，几年都没回过家。

　　什么时候感觉到自己的命运要改变了呢？那是我转行做房产经纪人的第三年，一个其貌不扬的女买家淡淡地跟我说："你把这个楼盘在售的房源全部给我买下来。"

　　那一年，我成交了一百多单。

　　是传奇，也是水到渠成的事情。因为我认真对待这个行业，专业知识跟得上，服务意识跟得上。除了这两点，我也没什么优点。

　　做业务，我不强求，能成就成，不成拉倒。我相信一句话：是你的跑不掉，不是你的求不来。

带着风水大师看房子

我 2003 年进入房产中介领域，那时候这个行业在深圳刚刚起步。一个偶然的机会，我碰到一个经纪人，我问他赚多少钱，他跟我说了，我有点儿动心。正在犹豫的时候，附近的一家小型中介公司招人，我就去了。

刚开始什么都不懂，好在我做保安的时候在周边混得比较熟，胆量也大，不怯场，再加上运气不错，三个月之内就开了买卖单。当时还不会签合同，是领导帮忙签的。领导看我比较上路，就开始培养我。入职半年，老板让我做了分行经理，底薪 1800 块，再加一点儿提成，收入是比较高的，我蛮有信心。

做了一段时间，我想找一个更大的平台，就去了当时深圳房产中介行业的龙头公司中原地产。去的时候完全是从零开始，公司要求带单入职，就是要签了单才能办入职手续，在这之前没有一分钱工资。

中原地产的规矩是，新人不能接待客户，只能跑盘。我整整跑了两个月的盘。每天下班之后都感叹，什么时候才是出头之日啊！

第三个月的时候，我终于接到第一个客户。晚上 10 点，同事都下班了，只有我还在店里，来了一个上门客，姓高，说是看了中原地产在《深圳商报》和《深圳特区报》上打的广告来的。

高先生想买个20万左右的一室一厅。第二天我就带他看房，一连看了差不多十天，看了50套都不止，看得我都快没有信心了。

这时候，高先生说他觉得我这个人挺不错的，每天风里来雨里去带他看房，服务意识很好。他已经选出了几套房子，准备请个香港的风水大师过来看看。

我一听就乐了，没想到电视剧里的情节，被我碰上了。

风水大师来了，年纪不大，长头发，拿着个罗盘，跟着我和高先生在小区里、房间里东看看西看看，不时摆弄摆弄罗盘，一言不发。看这架势，我也没怎么跟他沟通。后来我在网上看到这大师出名了，就不方便再提是谁了。

带他们看房的时候，我有一种强烈的预感：高先生一定会跟我买了，我要开单了。

几套小房子，风水大师都没看上。又看大房子，越看越大，最后看到一套70多万的四房，门朝东，临海。风水大师开口了：就这套吧。

高先生毫不犹豫，马上签合同。我问他付款方式是按揭还是全款，他反问我，哪个过户快？我说全款。他说，那就全款吧。

这一单签成后我就正式入职了，底薪 800 块。入职之后，我的业绩一路飙升，只用了大半年就做了分行经理。那时候在中原地产，没有两到三年的经验是不可能做分行经理的，我由于业绩好，被破格提拔了。

我跟高先生一直保持着联系，他给我介绍了一些客户。实际上，他住进风水大师给他选的那套房子后，发展得并不顺利。他是搞实业的，曾在深圳最繁华的科技园办厂。由于那儿房租太高，生意也做得不尽人意，他后来不得不把厂子搬到惠州。他的摊子铺得很大，不过是一个空壳。

我们最近一次聊天时，高先生直叹气：当初搞错方向了，不该把资金全投到实业里面，应该多买几套房子。以前没有限购政策，贷款也没那么严格，只要有钱都可以买，都可以贷款，结果搞实业辛苦多年，却没有人家炒房子的赚得多。如果当年投资几套房子，现在可能已经有二三十倍的增值了。

"你把这个楼盘在售的房源全部给我买下来"

进入中原地产不久，我就迎来了自己人生的转折点，或者说一个巅峰。

2006 年左右，我遇到了两个贵人，都是四十多岁的大姐。

第一个大姐姓许，形象很一般，上门要买新房。我和她聊了一下，带她去周边一个地理位置很好的楼盘转了转。那个楼盘的情况我非常熟悉，包括所有房子的户型、面积和朝向，学校、交通、商业等一系列配套，我都给她做了详细的介绍。

第二天，许大姐又来了，我带她去楼盘周边考察了一下。当时这个楼盘卖得并不火。那年头，深圳房地产市场刚刚崛起，在售楼盘多，而好多深圳人还是习惯先买车再买房。我以为许大姐顶多买一套。

万万没想到，逛一圈回来，许大姐跟我说："你把这个楼盘在售的房源全部给我买下来。"

她表情平静，语气平淡，像是要买一套衣服。

我愣了一会儿才反应过来，中大奖的感觉从脚底升起，弥漫全身，像过电一样。

激动中，我开始跟开发商那边对接。那时候的房子总价低，三四十万一套，每套两万定金。许大姐直接给了我 50 万现金作为定金。我给公司领导汇报后，先把 50 万现金存进我的保险柜里，再找开发商签合同。

那 50 万，两三天之后才花完。许大姐说，还有多少在售的房子，一律买下，然后又补了 50 万，准备一共买 50 套。

第二个 50 万没花完——没房子了。许大姐一共买了 30 多套房子，花了一千多万。

许大姐非常认可我，30 多套房子入手后，又委托我全部卖出去。她不贪心，一套赚个五万八万就出手。

卖房的事，许大姐在幕后，放手让我操作。当然，这么多套我没法一个人成交，大部分依靠团队作战，别人卖的，提成我占一半。反正前前后后我做了许大姐六七十单生意。而通过一买一卖，许大姐赚了200多万。

许大姐具体做什么行业的，我从没问过她。这一点，公司有过培训：不该问的不要问。

我跟许大姐一直都有联系。后来，她把顶级富人区深圳湾的一套房子拿出来卖，又找了我。但因为我的门店并不在那个区域，不太方便，就没有卖成，是别人帮她卖掉的。她卖掉房子之后，跟我打了个电话，说她要去美国了。当时我真是羡慕，这就叫人生赢家呀。

另一个大姐姓岳，我帮她卖了一套房子，我们沟通得很好，她让我以后遇到合适的房子，就给她打电话。

过了一段时间，有一家公司把名下16套房子拿出来打包卖。16套房子的总价不是个小数目，一般人拿不出来啊，必须找一个有实力的人。我想到了岳大姐。

电话打过去，我说："这16套房子的打包价低于市场价10%，总共便宜四五十万，你要不要买下来？"岳大姐考虑了一下，回复说："我在珠海，晚一点儿回来。到时联系你。"

第二天中午，岳大姐来了。买卖双方坐到一起，很快就谈成了。

16套房子的佣金给岳大姐打了个八八折，业主那边补了一部分，把我们三个点的佣金补齐了。

两个月左右，过户手续办完了。岳大姐留了两套房子，委托我帮她卖剩下的14套。那些房子很快就出手了，她赚了100万左右。

也就一年左右，我帮这两个大姐一买一卖，前前后后做了一百多单生意。

一百多单是个什么概念？当时一个经纪人一年能做五六单就已经不错啦，一个门店一年能做三四十单，一个大区一年也就一百多单。而我一个人创造了这个成绩，可以说是个奇迹。这里面当然有运气的成分，不过也是我努力得来的。

至于我个人的收入，是透明的：当时中原地产收三个点的佣金，因为房子总价低，一单四五十万，佣金也就一万多。这一百多单也就一百多万业绩。我的提成是五个点起跳，加上底薪之类的，年收入20多万。可以说是非常高。那时候，一个物业公司的总经理，月工资也就3500块；一家门店的房租才4000块一个月；深圳很好的小区一套大三房，总价50万，首付两成，10万就能买下来。

我在深圳买了房，成了家。对一个农村出身的穷小子来说，这在以前想都不敢想。

在那段人生巅峰期，我做业务一直顺风顺水：和两个大姐成了朋友，做她们生意的过程中进进出出的客户也都发展成朋友，他们再把身边的亲友介绍过来，我的人脉圈和客户量一下壮大了很多。而且和自己去找客户相比，经人介绍过来的客户签单成功率会高出很多。

当然，我也经历了很多困难，比如 2008 年金融危机时房子卖不出去，有时跟员工沟通不好，跟上级有摩擦，被人跳单，等等。好在我做事比较干脆，不纠结，向前看，遇到的坎儿都过来了。

现在我创业了，有自己的门店和团队，加入了贝壳平台。压力虽然大，但我蛮有信心。这个行业，未来几十年都不会衰落，把专业和服务做扎实，一定能实现梦想。

当然，我当年的传奇已经成为历史，我不会用那些事去激励手下的年轻人。行业发展的节奏太快了，现在的玩法跟以前不一样了。

（部分人物为化名）

采访手记

别人给我介绍王峰时，说他"说话比较直接，粗一点儿"。

我加上王峰的微信，留言说明采访意图，他在语音中爽快地招呼："您啥时有空，到我店里来坐坐吧。"

我回他："我在北京呢，能不能通过语音采访？"

他的语音很快发来，点开，听到他哈哈一笑："快过年了，年后吧。"

年后，我用微信跟他联系，只语音聊了几分钟，他就说："我的电话太多了，一会儿就进来一个，会打断我们，还是您提问题，我语音留言回答吧。您的问题，我会第一时间回复。"

于是，采访以微信互动的方式进行：我用文字提问，他用语音回答。这对我俩都是头一次。刚开始，我有点儿不适应，总觉得有点怪怪的，他倒坦然，有一说一，大白话，间杂一些口头禅式的粗口。

因有大量留白，采访节奏偏慢，用了两个上午。到后来，我觉得这样的方式也不错，能让彼此更从容。

采访结束时，我夸他是福将。"这种福分不是运气，是您自己修来的，"我发了个大拇指，"喜欢您的坦诚。"

他笑了："我是没有文化的人啊。"

我说："您其实很有文化。在我看来，对生活有自己的理解就是有文化。"

我不牛，但掀桌子砸场子在我面前不好使

口述人：韩一帅，男，生于 1984 年，山东临沂人，2006 年入行，现工作地北京。

采访时间：2021 年 1 月 20 日、2021 年 1 月 29 日。

为一套房，夫妻假离婚变真离婚的，兄弟反目的，客户来撒泼、掀桌子砸场子的，买卖双方掐来掐去闹上法庭的，这些年我见得太多了。

　　带店的时候，一有人来找我去会议室谈，就没有什么好事。

　　干我们这一行，你不光要会卖房子，还要会做倾听者、调解者和麻烦解决者，智商情商都要高，要会控制情绪，有耐心。

　　曾经有一次，面对蛮横闹事的客户，我差一点就动手了。我一动手，我手下那帮兄弟都得动手，后果是我们都被开除。

　　关键时刻，我离家闯社会时我爹的话，警醒了我。

"不该挣的钱别挣"

在老家农村，我家算条件好的。我爹虽然没什么文化，石材生意做得还不错。新版人民币刚出来那会儿，大红的百元大钞，我爹是村里第一个拿到手的。其他人都没见过，说是假的。我爹给了我一张，我把它夹在书里面。

我高中毕业，家里出了变故：那时候我爹妈又要了一个小孩，我妈都快生了，被搞计划生育的人拉去堕胎，造成大出血，赶紧抢救。总算把我妈从鬼门关上拉了回来，但身体虚了，吃了好多补品，养了几年都不行。我妈这条命，是硬拿钱堆起来的。家里的钱都花光了，其中包括原来准备给我去青岛上大学的学费。

大学上不成了，我给爹妈说，我到北京挣钱去。

爹妈没办法，同意了。我妈是高中文化，一心想送我去上大学，这个事让她很歉疚。

我跟我爹平时沟通比较少。动身前，我爹跟我说："你出去以后，不管干什么，干成什么样，别牛。"他怕我不明白，举了个例子："你看咱们村那谁，能造土飞机，挺牛的哈。他在国家单位，人家为什么不用他呢？因为他不听指挥，太牛。"

我点点头。我爹接着说："该你挣的钱你挣，不该你挣的钱别挣。"

这两句话，我没多想，但是记住了。

离家的时候，我跟我妈说，我挣够 50 万就回家。

那时候，50 万对我来说是个天文数字，觉得只要挣到 50 万，回老家盖个房子，娶个媳妇，这辈子都花不完了啊。

到了北京，经人介绍去了邮局上班，合同工，在柜台上卖手机、图书、邮票等，底薪加上提成，每月最多时能挣三千块。干了两年多，不想干了。50 万看起来遥遥无期啊。

"挣钱啊，应该这么挣"

我感觉卖房子挺能挣钱的，因为交易额大，就去了亚运村的一个我爱我家门店应聘。

没有正儿八经的面试，就跟店里的一个带训师聊了聊。他问我能不能吃苦，我说我是来挣钱的，吃苦没问题。他说，来吧。

那是 2006 年，好多人叫我们"黑中介"。当时不规范，全行业都吃差价，买卖房子，中介分别和业主、客户签合同，如果在业主的底价基础上多卖了 5 万，那这 5 万的一半就归中介了。

当然这些我一开始完全不懂，只知道要上客户就得出去摆牌。

　　既然干这一行，就得研究它。我想，摆牌要是老换地儿，客户就找不着我了，我就守着一个地儿。我守的是慧忠北里小区里的公共厕所。那儿是个路口，人流大。我把房源牌子摆在离厕所门口十来米的位置。离得近了有味儿，不方便聊天；离得远了，别人就看不见我。

　　每天一开完晨会我就带上牌子和小板凳去了，守到晚上七八点。咨询的人挺多，一些问题也不知道怎么回答，就发名片，留电话。

　　没多久，我签了第一个租赁单，业主和客户都是摆牌时接待的。

　　签合同之前，我要看房本，业主说他的房子是单位分的，没房本。我一听就警觉了："那你怎么证明房子是你的呀？你别把人给坑了啊。"不能坑人，是我的第一理念，不然就真成"黑中介"了。业主带我去了物业，一查，确实是他的房子。我不认："这也不行啊，万一你跟物业串通好一起骗我，怎么弄啊？你怎么也得找个东西来证明。"业主回家拿来分房协议，"你看这儿有公章呢，这下你总该信了吧？"我又去物业核实了一下，查看了他交物业费的记录，这才放心。保险起见，我还把分房协议复印了一份。

　　客户交了佣金，我连收据都不会写，琢磨了一阵才写出来。

那时候，业务上一切都是新的，总想自己快点儿成熟起来。有个国企领导来找我给他的员工租房，跟他聊了很多。他问我干这行多长时间了，我装老练，说干好几年了。他笑了笑："我一看你干的时间就不长。"我也尴尬地笑笑："我干一年多了。"

"小伙子，你干这个比较有前途。"

"咋了？"

"你特别能说，但这也是你的一个弊端，因为你见的事太少了。"

他说得挺对的，我说的很多都是废话，没说到点子上。

签完合同，我跟他说："您看得挺准的，我才干了几个月。"

他盯着我："要不你跟着我干得了。"

我心头一热，想了想，才回答："我刚干这个行业，想多了解了解。"

"你挺热情，而且有什么说什么，不坑我。"

"谁都不是傻子，而且您这阅历比我多很多，我也坑不了您，还不如说实话。"

过了几个月，他又让我跟他干。我又拒绝了："我现在刚摸着门道呢。"我那时已经转做买卖了，认准这个行业有前途。

他送了我好多东西，有吃的，也有经管类图书。他提醒我慎言的话，我一直装在心里。

在成长期遇到这样的人，真是幸运呀。

我转做买卖的时候，去另一个店跟三个同事一起接受带训师培训，开了单才能回店。带训师教我们打电话、推房子、算税费，我听了几天就不好好听了，觉得自己都会了，有点儿飘。

学了一个多月，其他三个人都开单回店了，就我一个人还留那儿。我急了——再不开单，第二批培训的人都来了，我还在，怎么弄啊？

培训第45天，我在店门外抽烟，一个路过的阿姨问我有没有两居室卖。我像见到救星一样，马上带她去看房。她看上了一套90多平方米的央产房，谈判、签约都挺顺利的，只是在央产房核档环节出了问题：业主是国企的科级干部，住房面积超标了20多平方米，房子交易时应该补交十多万给国家。我心想这下黄了，没想到业主听我说完后轻描淡写地来了句"你甭管了"。后来不知道他怎么操作的，只补了5万多。我的第一个买卖单就这么签成了，老天爷帮忙。

回店后的第一个月，我一下签了三单，那个月到手8000多块，把黑白屏诺基亚换成了彩屏诺基亚。

又过了几个月，我成了带训师，把当初我的带训师讲的东西讲给新人听。"我转做买卖第三个月开了三单，拿了一万块钱。别的销售我也干过，从来没见过一万块钱工资啊。"我举起彩屏诺基亚晃了晃，"挣钱啊，应该这么挣。"

厉害的难处

2008年底，领导把我调到北苑家园茉藜园店当店长。2009年春节一过，市场一下就火了，我手里又有人，店里天天晚上都在签单，有时候一天签五六单，成了我爱我家的第一个"百万门店"。

这个店的名声打响了，一些老经纪人和从店长位置下来的人都来投奔，我的队伍壮大到三十多人。这些人都曾经独当一面，也都有自己的个性和脾气，有时候彼此会有一些小摩擦。怎么解决呢？我的办法就是请他们吃饭喝酒。两个闹矛盾的人，我今天请这个，明天请那个，后天一块儿请，大家坐到一起喝个酒，说说兄弟情义，事情就过去了。一个月有二十八九天，我都在请他们吃饭。我跟他们说，咱们聚到一块儿，第一是挣钱，第二是开心，不要有那么多复杂的事情。

内部安抚好了，外部又有人搞事情了。当时我们这个店面是同行中大恒基转租出来的底商，他们看我们干得太好了，就想把我们撬走，他们自己来干。当时离租赁合同到期还有一年多呢，他们就要收回店面，宁愿赔我们几万块的违约金也不让我们干了。我们公司的领导过来看，撂下一句话："他们赔600万，我都不搬！"我们这个店面一年有一两千万的收入呢。

中大恒基撵不走我们，就把我们的电给断了。公司出钱给我们买了一台柴油发电机。那玩意儿放在店门口，轰隆轰隆，声音太大，我们只好搬到一层民居里面干了一段时间，后来新租了店面。

我们这个行业就是这样，厉害也有厉害的难处。

客户业主捅到法庭上

在那个店面，我遇到过很多挺有意思的事，随便讲几个吧。

一套房子的业主和客户都是女高知，两人互相看不顺眼，为了一些鸡毛蒜皮的事，比如银行面签时有人迟到了五分钟、房子里的桌子要不要留下来，一见面就吵架。我劝了这个劝那个，没用，两人谁也不让谁。

合同约定的交首付款的时间快到了，我提醒客户提前一两天打款，因为市场很火，房价天天涨，如果交易流程出点儿差错，房子就买不成了。客户不听我的，非得和对方赌气，卡着不给，晚了一天才打款。业主正不想卖给她呢，逮着这个机会，就以客户违约为由起诉要解除合同。

开庭那天，我作为证人去出庭了。法官判客户败诉，合同解除，业主收的定金不退。虽然我们把中介费退给客户了，但她还是损失大了——官司打了半年，那套房的价格已经呼啦啦涨了五六十万。我说客户："你这么矫情干什么呀？差不多就行了，买房子不是为了置气啊。"她没话可说了。

像这种客户业主掐来掐去的，我见过太多了。

有套房子，合同签了，业主收了定金 20 万，结果在走流程的过程中，房价两个月涨了 60 万。业主想毁约多卖点儿，愿意按合同约定给客户退全额定金，再赔他 20 万。客户不干，起诉到法院，法官判业主赔 30 万。

打官司期间，房价又涨了 20 万。那时钱都不叫钱了，房价就是疯涨。

这么个局面，双方都难办。我找到客户，给他分析："现在这市场，你这个钱想买这种房子肯定买不着了。业主确实做得不对，但是咱也别一直计较了，房价加 20 万吧，给他个台阶，咱也赶紧把房子买下来。"客户同意了。他不傻，这样他还省了好几十万呢。

我又去做业主的工作："合同是您自己签的，咱多少得有点儿契约精神吧。虽然房价涨了五六十万，但是人家给您加 20 万也算有诚意了，您只赔二三十万，就把这事了了吧，和气生财嘛。"折腾了好长时间，双方才说通。客户补了 20 万，总算把交易完成了。

让经纪人头疼的，除了不讲契约精神，还有自以为是。

我卖过一套房子，客户业主一个清华毕业，一个北大毕业，都是律师。他俩牛哄哄的，认为我们的格式合同条款不合理，要动手改合同。我说改不了，合同条款是建委定的，你们要改，找建委去吧。

这都是些什么人呀！

违约客户遇到社会大哥

这是我经历的最有戏剧性的一次客户业主交锋。业主韦先生是个社会大哥，四十多岁，一米八的大个儿，满身都是文身，刚从牢里出来，到店里登记房源的时候，带着两个人高马大的保镖，往那儿一坐，俩保镖一边站一个。

一看这架势，我心里打战。韦先生发话了："兄弟啊，我这保镖不是针对你，也不是针对其他人啊，我现在出门都得带保镖。"他急需用钱，要卖房子，但他没有户口本，因为"进去"时户口被派出所注销了。我说，卖家没户口本，买家做不了贷款，得全款买。他双手合十："那就拜托了啊。"

客户向先生想买韦先生的房子，我把必须全款的情况给他说了。他认可，签了合同，交了 10 万块定金。过了半个月，该打房款时出了意外：向先生的钱到不了位，还差30万。没办法，我约了韦先生过来和向先生谈。

这一次，韦先生带了四五个保镖来，身边站两个，谈判室门口还站了几个。我担心他闹事："大哥，你别那什么，我都害怕啊。"他摆摆手："兄弟，我不针对你，我这是有需要。"

向先生两口子来了，一看韦先生一行人杀气腾腾的样子，不敢说话。韦先生对他们说，既然他们违约了，那10万块定金就不退了。我当和事佬："要不少退点儿吧。"韦先生一撇嘴："兄弟，这是我能退的吗？"我说："你就看我面子，退点儿吧。"说来说去，他只愿退两三万。

向先生拉我到谈判室外面，低声请我给韦先生说说好话。我又去跟韦先生聊："你也不差这个钱；房子呢，我赶紧给你卖个好价钱。要不退他5万？"聊了半天，他承诺在向先生跟他签解约协议的时候退5万。

我把这情况给向先生说了，没想到他还挺硬的，要退10万。

我有点儿生气："你自己去跟他说吧，他要砍你，别怪我哈。"

"我不说，你说。中介费我都交给你了。"

"中介费我退你啊。"

"不行，我交你中介费，就得你给我弄。"

"大哥，你去弄吧，我真弄不了。你看人家来了四五个，知道是干吗的？"

"他又不会把你吃了。"

"他给你退 5 万，也不赖了。"

"退我这 5 万，肯定是你俩合计好的。"

正扯不清，一直在附近站着的保镖进了谈判室。随后，韦先生就出来了："我先走了，你俩聊。"我又跟他争取了一下："要不你把客户的 10 万都退了得了，大家都不容易。房子我帮你多卖点儿。"

韦先生指了指刚才进去的那个保镖，盯着向先生："小兄弟跟我说了啊，你想全退啊。"顿了顿，一下子冲向先生发飙了："给脸不要脸是不是？我让他们弄你，你信不信啊？"

向先生屁都不敢放一声。我赶紧打圆场："大哥别生气，有话好好说啊。"

韦先生指着向先生鼻子骂："别在我跟前儿演！"骂着骂着，就要干他。我拦住了："大哥，这个钱退不退咱们再协商。"

向先生尿了，5 万块都不要了。

韦先生还没消气："本来说好我退你 5 万，你要好好说，我再多退点儿也行。你还说这个兄弟拿了我的钱。我一分钱都没给他。说真的，你这 10 万我根本看不上眼，犯得着费那么大心思吗？！狗眼看人低！"

我好说歹说，总算把韦先生劝走了。

当天下午，我把双方约过来签解约协议，韦先生还是带着保镖。这次又出了岔子：向先生放弃定金还是肉疼，想让韦先生退又不好明说，就说不签解约协议了。不签的话，韦先生的房子就卖不了。韦先生一拍桌子："你敢不签，今天你走不出去这个门!"

向先生嚷嚷着要报警。韦先生冷笑一声："你报警吧，反正我刚出来。"

向先生没辙，只好签了。

过几天，我们把韦先生的房子卖了，多卖了两万块。签完合同，韦先生塞给我五千块："兄弟啊，这个钱我不是给你的，是给你们全店的人吃饭喝酒。"我推回去："大哥，公司有规定，你这钱我们不能要。"确实不敢要啊，我只想离他远点儿。

韦先生看我态度坚决就算了，又去订了一大堆饭菜和水果，送到店里，也花了千儿八百吧。

向先生来店里磨我，想退定金。我把韦先生叫过来，向先生跟他说："你这房子也卖了，还多卖了两万，把我那10万定金退了吧。"他甩下一句"一分钱都不退"就走了。

第二天，向先生又带着老婆来了，二话不说就把办公桌掀了。我忍了，带他们到谈判室。向先生把合同朝我面前一摔，啪，合同在桌子上一弹，弹到我脸上了。

我也火了："你要是这么着，这事我不管了。你要这么牛气的话，我打电话叫他过来，你弄他吧。"我掏出手机就给韦先生打电话。一听我说明情况，他就骂开了："这人不是找死吗？"

韦先生很快就带着四五个保镖来了。他吼向先生："这事跟中介没关系啊，咱俩签的合同，是你违约了。我就是不退你，你怎么着吧？"

向先生又不敢吱声了。

韦先生走的时候跟我说："兄弟，有事你再给我打电话。"

韦先生一走，向先生又跟我说好话："要不你让他退我5万。"

"我不管这事了。"

"那你把中介费退给我吧。"

"中介费也退不了，因为你违约了。公司规定，客户违约，不退中介费。"

向先生投诉到我们公司。公司的人给我打电话，我说了前因后果，"是客户自己弄成这样的"。后来这事不了了之，定金没退，中介费也没退，向先生也没再来找过我。

我跟人打听了，韦先生在京城确实算一号人物。这事过后，我没再跟他联系，我知道我们不是一个层次的人。

只认钱不认亲情

　　卖房子这么多年，在利益面前的各种嘴脸、各种表演，我看得多了。为了一套房，兄弟反目，家人变仇人。

　　一个老人过世了，留下一套小房子，价格不到两百万，四个兄弟继承。四兄弟加上各自的配偶，八个人，一起到我店里来商量卖房分钱的事。八个四五十岁的中年人，在谈判室里坐得满满当当，没聊一会儿就吵起来了。有人说："爹住院，我照顾的时间最长，卖房子的钱，应该多分。"有人反驳："凭啥？住院费你出了多少？谁有我出得多？要多分，也该是我啊。"有人骂："你们都是白眼狼！爹病了这么多年，有谁经常回去看看老人？爹想吃啥，哪次不是给我打电话，我给做好了送去？爹住院，哪次不是我给送到医院？你们不出力，还想多分钱，想得美！"几个女人也加入战团，吵得面红耳赤，甚至带脏字儿对骂，桌子拍得当当响。

　　吵了一两个小时，眼看就要打起来了，我费了好大劲儿才把他们劝住。我问："这个房子咱卖不卖？"

　　"卖！"八个人异口同声。

　　"既然大家都想卖，你们就别吵了，听我说啊。"我想了想才说，"你们都是我长辈，本来呢，我一个二十多岁的年轻人，又是个外人，说这些不太合适。但是既然你们委托我，我就说说自己的想法吧。你们的家事，我不是很了解，不过照顾父母，不是孩子的本分吗？我作为家里的独子，真羡慕你们这个大家庭有这么多兄弟。都是一家人，别因为钱的事儿伤了感情。何况本来也没多少钱，就算多分也就多个一二十万。何必呢？不要搞得大家以后没法儿见面了。我觉得还是亲情更重要。"

八个人都不说话了。

其实道理谁都懂，就是在利益面前放不下。

他们各自回家后，我又一家一家打电话沟通。要卖老人的房子，必须四兄弟和各自的配偶都签同意出售书，一方不签字就不行。当时我帮他们想了好多方案，比如对照顾老人比较多的那个，其他几家各拿出几万块钱给他。好不容易把四家人都说通了，最后定的方案是：平均分配。

一个假离婚的女人来寻夫

一天，一个三十来岁的女人进店里来问："谁是店长？"我接待了她。她亮出手机上的一张照片："这个男人你有没有印象？"我看了看："有啊，前不久他来找我们把房子卖了。"女人冷冷的："我们去会议室吧。"我心里咯噔一下：肯定又没啥好事。

到了会议室，女人叹了口气："我是他老婆，为了卖房子假离婚，本来说好卖完房子就复婚的，哪知道他一拿到卖房款就消失了，据说又买了套房子，找了个小三！"她说着说着就哭了起来，越哭越伤心。

我给她倒了杯水，用尽量安慰的语气："你前夫来找我卖房的时候，一个人来的，有离婚证，我们中介肯定不会问他为什么离婚啊。既然他有正规手续，我不能拒绝人家呀。当时我要知道后面会是这种情况，肯定不会帮他卖的。"

女人问是不是我帮他前夫买的房子，我说不是。又问我知不知道他前夫在哪儿，我说不知道。她又哇哇哭，哭了一下午。

我劝她："事情已经发生了，你再哭也没用啊。既然你俩已经不可能了，生活还要过下去，你看看能不能找到他，管他要点儿钱，弥补一下吧。"

我劝了半天，她才不再掉泪，红着眼眶走了。

后来我再没见到她，还有她的前夫。

这样的事很多。有些夫妻买房为了避开以家庭为单位的限购政策假离婚，结果假戏真做。有的老男人背着老婆找了年轻女孩，走这一步完全是预谋好的。

客户一家子来砸店

我在那个"百万门店"当了一两年店长，年薪七八十万，一个月光请人吃饭就要花一两万块。当时有点儿飘，觉得自己已经很牛了，公司应该给我一个更高的职位。

在这个行业，不管哪家公司，不跟对人，往上走就会遇到天花板。后来我被调到另一个区域，带了12个人过去，结果受到排挤，我们集体辞职。

去民营公司干了两年房产金融后，我又进了链家，当商圈经理。一个店两个组，都归我管。这期间遇到了一个很大的麻烦，我差点折在里头。

店里的经纪人小陈带的客户晋先生看中了一套房子，想买来作婚房，双方父母各出一部分钱。小两口和四个老人一起到店里来和业主聊，没聊几句就跟我砍中介费。链家的中介费是2.7%，他们非得砍到2.2%。我说公司有规定，中介费不打折，我也没办法。他们根本不听，一直在那儿跟我磨。我被磨得实在受不了，就到店门外抽烟。他们也跟出来了，还跟我磨。

就在这个时候，店里另一个组的店长把业主重新拉进谈判室，他那儿正好也有想买那套房子的客户。公司有规定，只要这个经纪人的客户双脚迈出谈判室，就代表谈判结束，其他同事可以让自己的客户再和同一个业主谈，不算抢单。

我在外面待了一个多小时，根本不知道这个情况。谈判室里双方谈得很顺利，等我进去的时候，合同已经签完了。

晋先生一家子听说房子卖给别人了，当场就炸锅了。晋先生吼起来："我们还在店里没走呢，房子怎么就让别人签了呢?! 中介费我现在不要求打折了，这套房子必须卖给我!"

我又气又好笑："人家都签完合同了，我怎么卖给你啊?"

这时候，晋先生的母亲当场犯了心脏病，"哎哟"一声，身体一软，坐地上了。一家子围着她手忙脚乱。我赶紧让人去旁边的药店买来速效救心丸，让阿姨吃了。

晋先生的父亲也发飙了："不行，我就要这套房子!"

我说，不可能了。

晋先生气呼呼地过来，把谈判室的大长桌子掀翻了。我呲了他一句："你劲儿还挺大啊。"

晋先生的岳父是北京人，可能觉得在外地亲家面前丢了面子，恼羞成怒，一把扯下墙壁上的锦旗，狠狠踩了几脚，还觉得不解恨，又把前台的电脑砸了。小陈拦他，他往小陈身上踹了一脚，打了一耳光。

第一次遇到这样的场面，我刚开始有点儿蒙，也有点儿慌，直到小陈被打，我好像才明白过来发生了什么，全身的血都往上涌。我手下那帮兄弟都气红了脸，盯着我，等我的号令。

那一刻，店里的空气好像凝固了，我感觉自己心跳加快，出气粗重，握得咯咯响的拳头马上就要挥出去。

好在我控制住了自己。只要我一动手，手下那帮兄弟都会动手。而按链家的规定，只要和客户动手，不管谁的错，一律开除。我为了出口恶气被开除不要紧，但是不能害兄弟们呀。我对大伙儿喊："谁都别动手。"他们望着我，没人说话，没人动手。

等情绪平静一些，我对晋先生一家子说："你们要在其他公司，今天就别想出这个门。"

晋先生岳父不依不饶："我明天找几十个人来，你们店也别做生意了！"

我没理他，走到一边给区总监打了个电话。总监是个情商很高的人，听我说完事情经过，叮嘱我控制好情绪，千万不能动手："让他们砸，砸完之后我给你们店按高标准重新装修。"他这么一说，给了我一颗定心丸。

总监给我分析："这事啊，你做得不对。"

"我怎么不对？客户都已经离开谈判室了。"

"离开谈判室的规定是针对两家店面的啊，你这是同一家店面。再说，你手下的人签单，你自己没盯住，怪谁？"

领导肯定得说我的不是，因为这个事还得我去解决。但怎么解决，领导没说。

放下电话，我犯了愁。店里一片烂摊子，晋先生一家子还在那儿闹，逮谁骂谁。

我试图安抚晋先生岳父的情绪："叔叔，你打也打了，骂也骂了，这事，公道自在人心。"他还是那句："明天拉几十号人过来，让你们做不成生意。"我撑了一句："你也就这点儿能耐。"

一家子从傍晚一直闹到晚上十一二点。最后我说："要关店门了，你们也该回去睡觉了，天大的事，明天再说吧。"他们才走了。

第二天一早，店里刚开门，四个老人就来了，咬定我当时答应把那套房子卖给他们的，现在必须兑现承诺。他们又骂了我半天，骂我没有职业道德。我就急眼了："这么大岁数，差不多得了。你们不考虑自己的形象，也不为孩子考虑吗？你家孩子是不是在××城上班？"

都不说话了。晋先生母亲有点儿慌："跟我孩子有啥关系啊？"

"你孩子把我桌子给掀了，孩子他父母骂了我半天，跟你孩子没关系？"

"你怎么这样说话呀？"

"我赔了一天笑脸了，差不多得了。"

晋先生岳父气哼哼的："我们去你们公司总部投诉你，不让你干了。"

"行，你要能不让我干的话也行，反正我实在没招儿了，光脚的不怕穿鞋的。"

"信不信我叫几十个人来把你店给砸了？"

"赶紧的，赶紧的，砸了我好重新装修。"

"你还想不想在北京混了啊？"

"我想不想在北京混，你说了不算啊。八宝山死了那么多人，好像没有一个是你打死的吧？"

他又骂开了。我说行了，该吃饭了，下午再说吧。

下午，他们又来了，还是那一套。晋先生岳父骂骂咧咧，说要弄死我。我说："叔叔，你赶紧弄死我得了。"

又折腾到晚上，我说，明天再来吧。

等他们走了，我把店里的人召集起来开会。当着大家的面，我数落了把业主重新拉进谈判室的那个店长一顿。他还挺委屈："大哥，我没犯错误啊，原来的客户双脚都迈出谈判室了。"我火了："你要跟我说这个，那以后咱们还谈不谈感情了啊？就因为你这么干，闹出这么大一场事来，你自己心里没点儿数吗?!"

怎么解决这事，大家都想不出个头绪来。我又给总监打电话，他提醒我："客户选房有没有第二意向?"我问了一下小陈，还真有，是另一个店面的房源。

我赶紧给那家店面的商圈经理打电话，让他把那套房子留给我这边。

第二天一早，四个老人来了，我说："你们想买原来那套房子，这个我实在是解决不了。要么你们去公司投诉我，要么让我帮你们另外找一套房子。"他们合计后，同意让我另找房子。我就提了晋先生第二意向的那套房子。晋先生岳父得寸进尺："买这套也行，不过我们没买成原来那套，你得赔我们20万。买这一套的中介费，我们也不会出。"

赔20万这样无理的要求，我肯定没法儿答应。对方降到10万，我还是拒绝。他们又闹了一上午。

下午，他们又来，威胁说现在这个局面是我一手造成的，我必须赔10万块，不然他们找人来砸店。我说："这么着，这个店你们砸，我不干了。"又闹一下午。

晚上，我再给总监打电话，让他帮我出个主意。他说："你自己想办法呀。房子肯定得让他们买着，中介费你可以不要，但是那个店的房源业绩你得划给人家。"

我又召集店里的人开会，说了解决问题的思路：签了引发矛盾的那套房子的成交人，把这一单10%的业绩划给挨揍的小陈；晋先生第二意向的房子，房源业绩是6万，从现在开始，店里每成交一单，成交人拿出 5% 的业绩划给那个店的房源录入人，直到划满 6 万。"我也不让你们白划，小单我出五百，大单我出一千，补给成交人。"

即使我自掏腰包这么补了，成交人还是会有一部分损失，不过大家都没意见。这就是兄弟感情呀。

第二天，四个老人一来，我先发制人："解决这个事，你们有两种选择。第一种，我不干了，这个店让你们砸。但是我走之前，肯定会去××城，跟你家孩子抬头不见低头见……"

晋先生岳父打断我："你什么意思，威胁我是吧？"

"我可不敢威胁你，在北京这一片地儿，你是最牛的。"

他不吭声了。我接着说："第二种，你们要我赔的 10 万块，我赔不了，不过买房的中介费给你们免了。你们考虑一下吧。"

他们在那儿商量来商量去，到中午了，我笑着说："怎么着，要不我请你们吃个饭？"他们有点儿不好意思，走了。

下午，他们来，说选择第二种方式。我长出一口气，安排他们去签了合同。后来，我们用了七八单，把那笔 6 万的房源业绩划满了。

这个事就这么了了。出事后那几天，我睡不着，也吃不下，脑子里想的都是问题怎么解决。领导不直接给答案，让我自己想办法。后来我想，客户闹归闹，肯定还是想买房子的，得给他一个台阶下。当然，对付这种人要讲策略，不能一味笑脸、一味讨好，好话说尽还解决不了问题，该放狠话就得放狠话。

我自己总结，遇到这样的烂事儿，就两点：冷静；该软软，该硬硬。

"挣够 50 万就回家"，我食言了

2018 年，我在链家也遇到了天花板，离职创业，去紧挨着雄安新区的白沟开了一个房产中介店面，跟着热点走嘛。第一年还行，第二年遇到疫情，我就撤了，回到北京，继续干这行。

现在的市场环境和我刚入行的时候比变化太大了。以前的新人有师傅"传帮带"，现在竞争太激烈，老经纪人都把资源捏在自己手里，不愿意分享。客户也学聪明了，买新房都知道跟中介谈返佣，你要是不给返，他立马转身去找别的渠道返。我在白沟开店，有时候一单挣 4 万要返给客户 3 万。你不做，多的是人做，连这一万都挣不到。其实给客户返佣这种事损害的是这个行业的整体形象和利益，好多人没想明白。

现在有的小城市，中介带客户看房还收看房费。都什么年代了，还这么搞，太短视了。

我希望这个社会有契约精神。大家都守规则的话，沟通成本低了，纠纷也少了。经纪人最怕出纠纷，处理起来牵扯太多

精力，导致一两个月开不了单，也就没有收入。

说到契约精神，我觉得前提是人要有底线。我的底线就是我爹嘱咐的不挣黑心钱。这么多年，我做到了。那两个女高知打官司，业主跟我说，如果我出庭作证的时候帮她说话，她会给我几万块好处费。我拒绝了。"我是干中介的，一手托两边，怎么公平我怎么说。"

但我也有不守信用的时候，比如在我妈面前。我从老家出来的时候说"挣够 50 万就回家"，干了中介以后，我妈到北京来，看我住地下室心疼，叫我跟她回家，我还是那句"挣够 50 万就回家"。那时我一个月已经能挣万儿八千了，觉得曙光就在前头。

过了几年，我已经挣够 50 万，我妈又来北京叫了我一次："家里各方面条件都已经改观了，跟我回去吧。"我不好意思跟她提当初那句承诺了，只是说："这个行业我觉得行，我肯定能干好。"

我妈现在还记着这句话，时不时搬出来开开玩笑。

年少轻狂的那些话，想想还挺搞笑的，不过，"挣够 50 万就回家"这个信念也支撑我在这个行业干了这么长时间。

不该挣的钱，我不挣；我牛过，但一般不牛。

（部分人物为化名）

采访手记

"这人是个将才，智商和情商都很高，话不多，总是说到点子上。"曾与韩一帅共事的同事如此评价他。

另一个老同事也说，在这个行业遇到那么多领导，他只喜欢在韩一帅手下干活，因为韩一帅能鞭策他。每当他玩心太重，不好好干活，韩一帅就骂他一顿，一挨骂就开单。韩一帅也能给他安全感。他入行不久的时候，每次签合同，把客户业主约到店里，交给韩一帅就放心去玩了。"对手底下的经纪人，老韩护犊子，有担当。"

初见韩一帅，我的直觉是这人心中有数。访谈中，他不动声色地讲起那些因房子而生的贪婪、自私、蛮横，讲起时代街角的漫天火光和他一次次的"救火"，不时微笑，那笑中包含的不是嘲讽，不是淡然，而是一种带些憨厚的平常。他期待这个社会的契约精神，也不讳言自己没有"跟对人"。他平常地活成了他爹希望他活成的模样，"不牛"。

采访前的一个晚上，烧烤店里，我和韩一帅的老同事聊得火热，他静静地坐一边给我们递烤羊腰。席间，他出去抽烟，回来时悄悄把单买了。

一个苦孩子的尊严战争，所有的励志书都编不出

口述人：武小军（化名），男，生于1987年，山东德州人，2006年入行，现工作地北京。

采访时间：2021年1月14日。

小时候，我是没妈的"野孩子"，被人歧视，靠偷东西、挥拳头才活下来。九岁辍学，四处打工，干惯苦活，尝尽人情冷暖。

　　19岁进入房产中介行业，从顿顿啃冷馒头到年入50万，做过私单，面临过淘汰，威胁过想做私单的客户，风光过，飘过，赌过，反省过，重头来过。

　　现在，我只想做一个正直的经纪人，说真话，不骗人，对得起这个职业，对得起自己。我希望所有的经纪人都能被人敬重。

　　是的，我还是很看重尊严。不过，我现在维护尊严的方式，不再是靠拳头，而是靠平常心。

去爷爷家偷吃的

我才两岁，我妈就丢下我爸、我哥和我，走了。

我家太穷了，土坯房，茅草顶。那时，村里大部分人家都是砖瓦房了。

从我记事起，我爸就心灰意懒，闷闷的。

我四五岁的时候，夏天下大雨，我和大三岁的哥哥正在堂屋炉子边用水壶烧水，轰隆一声，房梁倒下来，砸到炉子上，砸翻水壶，壶里的开水把我哥的整条胳膊都烫了。墙也倒了，灰土弥漫。我俩吓傻了，房梁要是砸歪一点儿，我俩就没命了。

我爸当时正在卧室里喝茶，等着我俩提水壶过去呢，出来一看这场景，也傻了。

房子没法住了，我爸也没心思修，我们搬到爷爷给在外地的二叔准备的一套砖瓦房里住。后来二叔回来了，我们又搬到爷爷给三叔准备的房子里住。

一天，我爸带我哥去地里干活，我端了猪食盆去屋外露天的猪圈喂猪。盆里的猪食好几斤重，我端不动，走几步就歇歇。好不容易端到猪圈前，那猪已经饿得嗷嗷叫了，一见到我，马上蹦起来拱我。我那时候才多大点儿啊，没啥力气，被猪直接拽到圈里去了。圈里有个大坑，里面全是猪的屎尿。刚下过雨，坑里的脏水更深了。我掉进那坑里，脏水直接把我没了。我慌了，连忙喊"救命"。扑腾的时候，呛了几口。紧要关头，有个邻居看到，赶紧把我揪起来，再晚一点儿我就被呛死了。

连着两次死里逃生，命大吧？

那时候我爸到处乱串，喝酒，也不管我们。不过有一点我挺感谢他的，我爸跟村里小卖铺的老板说："我家孩子来买什么，你就给他啊，到年底的时候我给你算账。"所以，瓜子呀，冰棍呀，我就没断过。后来才懂得，这是我爸的一种补偿，他感觉自己的孩子可怜嘛。

不过，我爷爷奶奶不这么想。我爸经常不在家，我饿，就去找爷爷奶奶要吃的。他们不给，真不给。

我就偷。爷爷家门底下有道缝儿，我那时小，就趁他们不注意从那道缝儿钻进去偷吃。有一次，我偷了一个玉米饼子，被爷爷发现了，他抓着我的头发把我提溜起来，像扔条狗一样，一把扔到门外院子里。我从地上爬起来，也顾不上疼，把那个摔破了的玉米饼子捡起来，跑了。

第二天，肚子一饿，我又去偷，偷咸鸭蛋。那些鸭蛋还没腌熟呢，敲开蛋壳还都是水，只有里面的蛋黄是成形的，我就专门吃蛋黄。

我从不偷别人家的，那样就太丢人了。

过年的时候，我和叔家的两个孩子一起在爷爷家吃饺子。我平时没吃饱过，这会儿狼吞虎咽，很快就吃光了一碗饺子，又去端桌上的另一碗。奶奶把我拦住，说这是给我叔家的孩子武龙留的，"你只能吃一碗"。

我一听就来气了："我为什么只能吃一碗？"

奶奶说："你就只能吃一碗，吃一碗就不错了。"

我偏要吃，奶奶偏不让我吃。我恼了，狠狠地把装满饺子的碗往地上一砸，碎了。

爷爷听声儿出来，一看这场景，二话不说就给了我两巴掌，脸上火辣辣的。没有一个人说话。我爸在其他屋里喝酒，也不管。

我没哭。别人欺负我的时候，我从来不哭。你只要欺负我，我就反抗。

我指着院子里的麦秸垛，冲爷爷嚷嚷："你再打我，我就出去把那点了！"

爷爷也冲我嚷嚷："你小子反了天了？！"又打了我一巴掌。

我冲到院子里，从兜里掏出火柴，划燃一根，把麦秸垛点了。

晒干的麦秸烧得很快，火势一下就起来了。旁边就是我叔家的房子，亏得大人们救火及时，房子才没一起给烧了。

全村人都来看热闹。爷爷脸上挂不住，明知故问："谁干的？"

我站那儿，大声说："我干的！"

围观人群一片哄笑。爷爷不说话了。

我来了劲儿："你要再打我，我就把你房子点了。要不然，你现在把我打死。"

这以后，爷爷没再打过我。

后来爷爷买了电视机，我和武龙都在那儿看。武龙想看什么频道，爷爷就给他换。我想看的，不让看。不让我看是吧？我直接把电视天线掐了。掐完还不解气，晚上等爷爷奶奶睡了，把过年时玩剩下的大鞭炮塞到门框底下，点着，把门框给炸了。

我就这么像根野草一样一点点长大。上学了，没有钱，就去逮知了。一晚上逮几十只，一毛钱一只，挣了点儿钱，买了铅笔盒，买了鞋，还给我爸买了烟。

后来，花钱的地方越来越多，就开始捡破烂儿。发小也去捡。老捡，破烂儿没有了，就开始琢磨其他东西。我偷了爷爷家的塑料布和秤砣卖。卖秤砣的时候，收破烂儿的跟我说："这玩意儿你拿回去吧，要不然你家里人该找我了。"他给我支招："你家里有没有铜线？那玩意儿值钱。"我说："行，我去弄。"

我们那儿有个学校没人管，我拿着把剪刀就去了，踩棒子叶上去剪电线。哎哟，直接给我电到地上，吓死了，不敢再这么干了。

这以后就开始偷钱。我知道我爸对钱从来都没数，每次他卖完粮食后，就把钱放在炕席底下，我偶尔拿个五块十块，他不知道。不过他钱少，也不能老拿。

我又去偷爷爷的钱。等他和奶奶出门遛弯儿，我就去翻他的抽屉。一开始不多拿，拿个十来块。后来胆子越来越大，越拿越多，最多的一次拿了五十块，被爷爷发现了。那次把我吓坏了，钻进家里的一个长柜子，拿衣服蒙住身体，不敢出来。

爷爷气鼓鼓地来我家，问我去哪儿了，我爸说不知道。爷爷说我是小偷，骂骂咧咧地走了。我在柜子里面听得一清二楚，大气都不敢出。那时候长大了一点儿，知道害怕了，也真的害怕了。

爷爷来抓过我好几回，都没抓着。我在柜子里又渴又饿，忍着，就这么躲了两天。

我从柜子里出来，是因为我爸跟爷爷说："没事，这五十块钱我卖了粮食还给您。"爷爷这才算了。

我出来后，我爸没打我。

往老师碗里放老鼠药

没妈的孩子，受人歧视。

村里的小孩看到我，都是嘲笑的口气："你看他这么大了还穿开裆裤呢，脏了吧唧的。""你看他那手和袖子脏的，像八辈子没洗过了。""他妈跟人跑啦，不要他啦。"

我在大家眼里就是野孩子。村里的大人们要自家孩子别跟我玩，我去找谁玩，他家人一看到我，赶紧关门。

我维护尊严的方式，就是跟人打架，下狠手打。

有一次，我跟其他孩子打架，拿砖头把人家脑袋打破了。孩子家长找到我们家，爷爷正和我爸喝酒呢。那人对爷爷说："你家孙子把我孩子打了。"爷爷不理。我爸出去了，问我为什么要打那孩子。我说："他说我没妈，说我是野孩子，我就揍他。"

我爸就对那人说了："你家孩子不懂事，欠揍啊。"

那人急眼了："有你这么护犊子的吗？你孩子把我孩子打坏了，你得赔！"

我爸很淡定："本来就是嘛，你回家教育你家孩子，我们家孩子已经很可怜了。"

说了半天，那人没辙，走了。

下次遇到有人骂我野孩子，我还打，弄一身伤。

那些年真是痛苦。痛苦，是因为自尊心强。

我家属于村里的困难户，每年村里都给我家送面送油，我觉得好丢人。

我每学期的学费是 80 块钱。每次交学费的时候，同学们都交齐了，拖得不能再拖了，就我和一个小姑娘没交。小学三年级，还是我俩交不上。老师说，你俩赶紧回去，把学费凑齐了再来。

我爸真没办法，几十块钱都借不到。就算马上卖麦子，也得有人收啊，上次卖的麦子还没给钱呢。我爸没招儿了，就去找收麦子的人要，说你赶紧把上次的钱给我，我家孩子交不上学费了，你少给我几块吧。

一直交不上学费，我觉得太丢人，学校一天都不想待。

后来老师把我逼急了，我想了个招儿：从家里拿了些老鼠药，偷偷放到老师的面条碗里，一门心思要毒死老师。"谁叫你平时歧视我！谁叫你让我抬不起头！"

等老师端起碗的时候，我害怕了，正想提醒他，他就发现碗里不对劲——我放的老鼠药是一粒一粒的，没磨碎就放进去了。

老师放下碗，问谁干的。我站出来说是我。

老师问，这碗里放的是啥东西？

我说，老鼠药。

老师的脸一下子就白了："你为啥这么干?!"

我也豁出去了："你老是欺负我，老跟我要钱，我要毒死你。"

老师不敢教我们了，说这个村的孩子太野了，他要回隔壁村去。

那时候找个老师太费劲了，村里穷，没人愿来教书。我们村里大人孩子几十口人，一起跪在村头上，才把老师留下来。

这事过后，村里人更歧视我了。

只有一个人对我好——我家后边住着的吴奶奶，她的俩儿子长年在威海打鱼，平时就她一个人在家。她喜欢我，欢迎我去玩。她家有电视机，我经常去看电视。她还做好吃的给我。

爷爷奶奶问我："你老跑别人家去干吗?"我不管，我就跑。在吴奶奶那儿，我感受到了一种久违的温暖。我就跟她说："你比我亲奶奶都亲我，等我长大了，我给你买好吃的。"吴奶奶笑了。

打工少年的钱和情

我五岁上学，辍学时还不到十岁。我爸也不管。

我一门心思出去找点儿活儿干，挣钱。

我去了一家饭店打杂，洗洗菜、削削土豆，管吃管住，每月发 200 块钱。本来我爸让我去学个厨艺，不过我年龄太小，灶台都够不着，人家想教也教不了呀。

在饭店，别人让我干啥我就干啥，手脚也麻利，后来工资涨到了 500 块。比起在家的日子，这儿天天能吃饱饭，还有工资拿，对我来说已经是个福窝了。

干了一年半，不干了。那时我哥已在一家砖厂当了包工头，我想去他那儿。

回家的时候快过年了，我给我爸买了一条香烟，给爷爷奶奶买了水果，给吴奶奶买了两只德州扒鸡。

爷爷奶奶对我的态度完全转变了。我记事以来，奶奶第一次给我做了一套棉衣棉裤。

给吴奶奶送扒鸡的时候，她眼里闪着泪花。

过完年，我 11 岁了，去砖厂上班，干了两年。在土坯里捡草、叉坯子，都是体力活儿，我干得非常吃力。幸好有个二十来岁的姑娘对我好，把我当弟弟疼，干活时帮我，还给我买了一套衣服。我就喜欢上人家了，当然是那种特别幼稚的喜欢，就知道给人家买好吃的。那时我的工资每月四五百块，但我哥老不给我开，说是帮我攒着。我每次去小卖铺给那姑娘买好吃的就赊账，说让我哥到时候去结账。吃食堂要饭票，我就去我哥抽屉里拿一大沓，打饭时，好菜打两份，一份给那姑娘。

我哥看不下去了，他说你这年纪轻轻的，那姑娘长得也不好看呀。我说什么好看不好看，我只知道她疼我。

那时候我哥很风光，当包工头第一年就挣了十几万。不过他一有点儿钱就飘了，去赌博，把挣的钱全赔进去了，还欠一屁股债。工人的工资也欠，有人半年都没拿到钱。罢工的罢工，走的走。有人跑到我家找我爸要钱，我爸没有，那人就把我家的牛牵走了。还有人找到我爷爷奶奶家要钱，爷爷跟人说："他家小子欠你的，找他去，别找我家。"

我哥的名声臭了，厂子黄了，我跟那姑娘也断了。我哥把我安排到隔壁厂子干活，工资300块。我还没去呢，我哥就找老板把我的工资预支了400块作为去外地的路费。月底领工资的时候我才知道这事儿，一分钱没领到，第二个月老板才给我发了50块零花钱。

我在那个厂干了半年，另外一个姑娘跟我说："咱不在这儿干了，挣得少，咱们去沧州，那儿有个厂子，加工螺丝的，一个月挣一千多呢。"这姑娘喜欢我，经常给我洗衣服。

我两眼放光："行啊，咱偷跑吧。"

厂里不让工人走，押了我们一个月工资。我们撒谎说家里有事，预支了一个月工资，其实就是自己的钱，晚上抱着破被子，翻墙跑了。

我们去沧州那厂子干了一年。唉，那可不是人干的活儿。在大锅炉车间，高温，戴着防毒面具干活，热得透不过气儿。整个人除了牙是白的，一身黑。

干完活儿只想躺着，很少出厂，工资根本花不完。那是我第一次攒钱。过年回家的时候，我身上揣着一万块，可风光了。给我爸2000块，给爷爷奶奶200块，他们叫"孙子"叫得可亲热了，还给我炸丸子吃。

过完年，我跟喜欢我的姑娘说："我不回那个厂干了。我听人说，北京好赚钱，我去北京转一转。"

从睡桥洞到当经理

2001年，我14岁，一个人坐火车去了北京。

没地儿住，在北四环惠新西桥桥洞里睡了一个礼拜。

每天都去附近的劳动力市场找工作，找不着。招聘的人看到我，笑笑："童工呀，我们不敢要。"

后来没办法，我找到一家饭馆，给老板说好话："你收下我吧，工资少给点儿就行。"老板把我留下来打杂，每月给600块，相当于正常工资的一半。

饭馆的桌布脏了，会有洗涤厂派人开面包车来取走。有个装车的小伙子比我大不了多少，有一天我们聊起来，我问他一个月挣多少钱，他说 1600 块。我一下就激动了，问他们那儿还要不要人。他说回去帮我问问老板。

第二天，小伙子来送干净桌布，跟我说，还要人呢。我马上就去找饭馆老板，说我要走。我在那儿干了不到三个月，第三个月的二十来天工钱，老板不想给了。老板娘挺好的，发话了："小孩不容易，你给他吧。"老板就给了我三百块。

我收拾了东西，坐上面包车就去了洗涤厂。老板安排我送货，工资 1200 块。我个头小，干活还是吃亏——洗好的床单被罩，别人打大包，我只能打小包，不然搬不动；别人跑两趟，我跑四五趟。慢慢就干出技巧来了，工资涨到 1600 块。花一个月工资买了一部诺基亚翻盖手机，可美了。

过年回家，遇到隔壁发小的姑父，他在北京一个车辆配件加工厂当小头头儿，让我去他那儿干，每天只干八小时，工资两千多。我一听，还有这样的好事，当时就答应了。

过完年回京，就去辞职。之前押的一个月工资，老板扣下不给我了，还有更倒霉的——我那新买不久的手机，在宿舍被人偷了。

去了车辆配件加工厂，干第二道工序：穿着防护服，先把螺丝、轴承的蜡模子粘到铁棍上，再放进硫酸缸里，挂在挂钩上泡。泡完以后，拿起来扬沙子。蜡模子棍轻的五六斤，重的五六十斤，两只手提起来，不能放下，扬一遍细沙，放进硫酸缸里，泡十分钟，提出来再扬沙，扬个五六遍。

这活干得很吃力，一个月挣 2400 块。平时还能挣点外快：从卡车上卸沙子，和其他人一样扛八九十斤的沙袋，我有点儿扛不动，晃着走。扛好多趟，一起卸完一车，别人能拿 120 块，我只能拿 60 块。欺负我小呗。

干了两年，不想干了，看到一个洗浴中心招聘服务员的广告就去了，人家要我，管吃管住，工资 1200 块。钱少我也愿意，前两年干得太累了。

那家厂子也不放我走，我只好像以往一样，半夜打个小蹦蹦偷跑了。

在洗浴中心，我一开始在男浴开柜子。当时觉得这是我干过的最轻松的活儿了。干活儿挺卖力，客人来了很热情，张罗着给人家办卡，办卡有提成。干了半年，一个月就拿两千多块了，比之前下苦力挣的还多呢，太开心了。

我们的经理商姐人很好，觉得这小伙子挺机灵，就把我升为主管。底薪 1800 块，加上提成近 3000 块。我干得更起劲了。后来我当了经理，管着十几号人，底薪 3000 块。

那时我 18 岁，觉得自己终于混出头了，就开始大手大脚，没攒下多少钱。

工作中认识了一些老顾客，其中有个梁哥，每次来做按摩、蒸桑拿，消费个千儿八百的，还办卡充了两万块。

聊天的时候，我问梁哥是做什么工作的，他说："卖房子的，俗称黑中介。"说完，哈哈笑。

梁哥在一家成立不久的小中介公司，叫金城信。他问我有没有兴趣去干中介，"一个月挣一万多呢，有时候挣好几万"。

我一听都呆了：卖房子这么挣钱？

梁哥说，他可以介绍我去金城信。

我答应考虑考虑。

我考虑了两个月。现在这份工作挺安逸的，年纪轻轻，经理当着，每月三四千拿着，对我这个苦孩子来说，已经是不敢想的福分了。不过，我也看到了一个现实情况：这家洗浴中心是国企下属的，生意不太好，烂账多，年年赔钱，看样子撑不了多久。就算我不想走，最终也不得不走。

当时发生的一件事，促使我做了决定。

我在洗浴中心交了一个女朋友，那时还小，很单纯，就拉拉手，啥也没干过。没想到，我这女朋友和我一个关系很好的小兄弟搞到一块儿去了。他俩找我谈话，姑娘跟我坦白："我跟他已经发生关系了，我不能跟你好了。"

把我气的呀！我质问小兄弟："你怎么能干这种事呢？！你明明知道我俩的关系。"

他说："我也喜欢她。"

我受伤了，不想在那地方待了，当天我就给梁哥打电话：

"我去你那儿干中介。"

经纪人小白

2006 年，我 19 岁，开始干房产中介。我带了另外一个小兄弟一起去金城信面试，结果没通过，可能觉得我们学历太低了吧。后来梁哥的经理去打了个招呼，让我们入了职，和梁哥一个店。

我身上只有万把块钱，租了个五六百块一月的地下室，和小兄弟一起住。地下二层，太潮了，啥也没有，就一张床。

小中介，不正规。我一个新人没人带，同事带客户看房也不带我。我一看这样下去不行啊，就经常请他们吃盖饭，他们才愿意带我。有一次带我去 KTV，他们找小姐陪，也给我找了一个。我说我不要，小姐已经来了，三十来岁，非要脱我裤子，我吓坏了，跑出去了。

从此以后，我不跟他们一起出去了。半年没开单。

半年后，我在店面接待了一个女客户，要买旁边小区的一居室。当时店里只有一套房源，我就带她去看房，结果因为不熟悉地形，我带人家走错了。幸亏客户就住在这个小区，最后反倒是她带我去看的房。

那套房子客户看上了，梁哥他们就帮我约业主来谈，一谈就谈成了。200 万的房子，我们公司吃了两万块差价，那时候中介都这么干。中介费收了两个点，四万多业绩，分给梁哥他们一部分后，我到手八千多块钱。

头一回一次拿到这么多钱，我说这怎么花呀。

我请梁哥他们去洗浴中心，还拿两千块办了张卡，没事就去洗洗澡。那时候真不知道攒钱，加上梁哥他们老跟我借钱，手头的钱很快就花光了。

虽然开了一单，但我还是啥也不懂，没资源，给客户打电话也不会说，又是半年不开单。

眼看着钱包空了，我急得找经理十块八块的要。一块钱给仨的馒头，就着咸菜，我跟小兄弟吃了两个月。

得想办法改变了。我每天早上第一个到店，晚上最后一个离开，就想多接几个客户。

后来在店面又接待了一个女客户，她有套房子要卖，报价285 万，钥匙扔下就走了。我就带着小兄弟，倒了好几趟公交车，到了房子那儿一看，是个毛坯房。我把"此房出售"四个大字和我的手机号码写在纸上，贴到房的门窗上。

结果，两个月没卖出去。

后来有一次去看房，碰见业主的女邻居，她说他儿子要结婚，问我这房子多少钱。我那会儿还不懂吃差价，老老实实报了个285 万。她又问中介费，我说两个点。她说："这样吧，咱不走公司了，我给你一万块钱。"这不是做私单吗？没整过，我不敢。

不过我长了个心眼，给业主打了个电话："您家隔壁要买您这套房子，她只愿给一个点中介费，我们做不了。她可能会给您打电话，找您谈价。要是她给您打电话，您告诉我行吗？您看，为了卖您的房子，我都跑好几趟了。"

业主大姐人挺好，爽块地答复："你放心吧，小兄弟，你们也不容易啊。我卖 280 万，你跟她说，她买就买，不买拉倒。她给我打电话，我就让她找你。"

我没猜错，后来那个女邻居真的给业主大姐电话了，到物业问个电话号码很容易。

业主大姐又给我打电话："人家说了，不让你白忙活，她给你一万块钱。这样吧，我再给你一万块钱，行吗？你放心，她要不给，我肯定给你。"

我一听乐了：啥也不用管，挣两万啊。不过我还不敢擅自作主，我给大姐说，等我给领导汇报一下。

我给经理打电话说明了情况，金额上我打了埋伏，说的是一万五千块。"经理，这事儿咋弄啊？"

经理说："给你一万五千块，你为啥不干啊？一分钱不给你，人家要做，你也拦不住啊。"

我脑子转得很快："那这样吧，一万五千块咱仨人分，你拿五千，我小兄弟拿五千，我拿五千。"

经理说行，"这事儿，你谁也别说"。

业主大姐和女邻居都兑现承诺给了钱。两万块到手后，我也兑现承诺分给经理和小兄弟各五千，自己留了一万。

人生做的第一个私单。

刚好那时金城信公司倒闭了。经理和梁哥去了另一家房产中介公司鑫尊，把我和小兄弟也弄去了。我们又换到新店附近的地下室住，房租涨到 800 块。

那时候市场已开始慢慢规范，不让吃差价。

我又是半年不开单，被淘汰了。

我还想在北京干这一行。我只知道这一行能赚钱，但具体怎么做，我还是不会。

"威胁"客户

2007 年 8 月，梁哥介绍我去了我爱我家的一个店。

去了之后感觉我爱我家是我待过的几家中介公司里最正规的，比如在网上发房源帖子，每天都有任务量。发帖多才能上户，才有带看。不过我之前在其他公司没发过帖，连电脑都没接触过，现在要从打字开始学起。我盯着键盘上的字母，慢慢用两根食指戳呀戳，可费劲了。练了一段时间，才一点点熟练，每天能发一百多条帖子。

那时候特勤快，来客户时跑得可快了，结果还是半年不开单。

一见客户，人家就觉得我啥也不懂。

有个客户，我带他把能看的房子都看遍了，不过每次看完房我就走了，不知道追踪客户，也不会跟业主谈。后来，同店的一个老经纪人把这个客户签了，签的还是我带看过的一套房子。那半年，我有好几个单子都是这样让人家签走了。

半年不开单，面临淘汰。眼看只有几天了，我很着急，跟领导说："再给我一点儿时间，我不要工资，行不行？"领导态度很坚决：不行。

那时候我正带着一个姓张的客户，他看中了一套160平方米的复式，近500万。中介费按规定是2.5%，他觉得高。我找公司申请降到两个点，他还是接受不了，后来明说，给我5000块，不走公司。

又一个让我做私单的。不过这时候我一点儿都不想要钱了，我首先得留下来。

张先生坚持要做私单。我跟他说："我来了半年没开单，马上要被淘汰了，你这一单事关重要。我现在住地下室都交不起房租，要是失业了，你让我咋办？如果你不买，无所谓；你要买，就跟我走公司。"

张先生听不进去，说要是我不同意，他就跟业主私下交易。

我又给业主大姐打电话，让她别和张先生私下交易。业主说："我这房子着急卖呀。这样吧，我也给你拿2000块钱，不让你白忙活，行不？"

其实这业主也算不错了，正常交易的话，她不需要出一分钱中介费。不过我现在一门心思要签单，一听就急眼了："你要卖给他，我找你们去！反正我要失业了，我也没啥事干。"

这时的我，像个快要被淹死的人，急于抓住一根救命稻草。

张先生一心要私下交易，我对他冷笑："你的车牌号，你的小孩在哪儿上学，我都知道……"

张先生火了："你居然敢威胁我?！我要报警！"

我一点儿不慌："没关系，你现在就去报警。警察来了我也不怕。我辛辛苦苦带你看房，你把我跳了，你不占理，是不是？"

张先生的口气软了一点儿："你们中介费太高了，给你5000块你又不干。"

我的口气很坚决："我现在不要钱，我就要这一单。"

张先生给我的店长刘姐打电话告状，说我威胁他。刘姐是个温和的人，耐心给他解释说，小武来了半年，确实没开过单，马上就要被淘汰了，这一单是救命单。她承诺帮张先生向公司申请最低的佣金折扣，一个点，也就是 5 万块钱。

张先生还是不同意，最多只愿给 3 万。

刘姐说："那我也没办法了，不行你就报警吧。小武会做出什么行为来，我也不好说啊。"

张先生没报警。

我又去敲打业主："我在这个行业里能不能生存，就看这一单了。如果你们为了这点儿钱跳我，你们的日子肯定过不好，你们自己想想吧。"

业主怕了，说跟张先生商量商量。我请她配合一下，给张先生说，房子只能通过我爱我家交易，否则免谈。

业主给张先生打电话，提出走公司交易，房价再给他让一万块。"外地来的孩子，真要干出什么事，也不好说。为了几万块钱，不值当，是吧？"

张先生想了想，终于同意给我们 5 万中介费。

我在我爱我家的第一个单子，就这么在喊打喊杀中签成了。

赌输六十多万后，人生"翻本"

自从签了这个单子，我就顺了，老开单。2008 年，我的业绩是我爱我家北京第二事业部的第二名。2009 年升了网络经理，自己不做业务，带十几人的团队，月收入在两万左右。我还交了女朋友，成了家。

日子过舒服了，人就有了惰性，容易沾染一些恶习。我走了我哥的老路，迷上了赌博。在一家游戏厅的赌博机上，我刚开始玩的时候是赢钱的，就老去玩，没意识到被下了套。后来就开始输，越输越多，越输越想捞本，结果越陷越深。

那段时间，我就像被打了迷幻药一样，脑子已经不受自己控制了。每天早上到店里打完卡就去游戏厅，啥事不管，后来还跟媳妇撒谎，连家都不回了。在赌博机面前，输红了眼。

我总共输了六十多万。输掉三十多万积蓄后，用十多张信用卡来回倒，后来倒不过来，就到处借，该借的都借遍了，还从媳妇那儿骗了几万。我甚至把公司代收上来的一些房租揣在兜里，拿去输掉了。

后来公司一查账，就把我查出来了。大区总监让我在情况说明书上签字，承认自己的挪用行为，承诺三天之内把钱全部还清，否则就要承担法律后果。对我失望透顶的媳妇和我分居了。

兜头一盆冷水，把我彻底浇醒了。

怎么办？我想了很多，却从来没想过跳楼。小时候那么难，我都挺过来了，这个坎儿，我也能过去。不就是钱的事儿吗？我开始四处筹钱填窟窿。

在洗浴中心认识的商姐、店长刘姐，还有一些小兄弟和同事，及时向我伸出了援手。在困难时刻，我看清了人心的真和假。

我还去找游戏厅老板要钱。我跟他说："我要被追究法律责任，你也脱不了干系。"他很生气，把我揍了一顿，还了我两万。钱还有缺口，我又去要。他把我关了一天小黑屋，问我："你还要不要？"我说："要啊，我能不要吗？"他没辙了，又还了我一万。

公司的钱还上以后，我冷静了两天，释怀了。这件事对我来说也是一笔财富、一种成长，让我变得更强大。有什么呢？我能输，我也能挣啊。

我重新开始做业务，没日没夜地干，天天啃馒头，用了一年半还完了二十万外债，又用了一年还完了十多万信用卡欠债。我把媳妇接回了家。

后来，我买了车，在环京和老家买了房。

经历过这些起起落落，我觉得，人啊，只要还活着，啥都不叫事儿。

做一个说真话的经纪人

2015年，我跳槽到链家，一下子找到了在这个行业的归属感——从培训到入店，有人手把手教你；从资源到交易，公司平台都给予很大的支持；交易流程很规范，让你时刻保持责任心，公司的各种红黄线让你不敢为了赚钱做任何出格的事。

这种归属感直接体现在业绩上：我的年收入到了50万。

做经纪人，我感觉自己开窍了。在很多人心目中，经纪人是靠忽悠人吃饭的，我原来也说假话骗客户，但现在我对客户都说真话。就目前这个平台、这个收入来讲，我说假话反而会害了自己。如果再走以前那个路子，就相当于这么多年白活了。给以前的自己画一个句号吧。我觉得，问心无愧才对得起这个职业，对得起自己。做一个正直、真实的经纪人，不骗人，服务好，有权利去选择客户，就是一种成功。说假话的经纪人注定会被淘汰。

我希望，这个行业受到更多人的尊重，每一位从业者，都能得到应有的尊严。

我看重尊严，跟我小时候的经历有关。可能也正因为经历的多，我现在心态平和多了，看开了很多事。比如做业务不切单、不切户，遇到别人切我，我一笑而过；和同事分业绩，为了避免摩擦，我宁愿给别人多分一点儿。有人在楼下骂我，我在2楼，可能会跟他吵；我在10楼，就会感觉他在跟我打招呼呢。可能别人觉得我尿，好欺负，这没关系，他只是没有到那个高度。

有一次，我骑电动车带着媳妇出门，有辆小汽车停在路中间，不动窝。媳妇是东北人，心直口快，随口骂了一句，那车上的人听见了，探出头回骂。我赶紧跟人家道歉，但没有打消人家的怒火，他开车从我们跟前噌一下就过去了，开得特别快，差点儿刮到我们的电动车。我没理他。媳妇很生气："你怎么这么尿啊，咱们追上去，跟他理论！"我说，算了，骂来骂去没有意义。不过媳妇脾气上来以后，逼着我追了上去。我还是没跟人家吵，让他赶紧走。结果媳妇跟我吵了几句。我说："人家没有把你怎么着，对吧？真要冲动起来，他把你打坏了，或者你把他打坏了，得不偿失。咱们背后都有家庭，都有责任，只要生命没受到威胁，人格没受到侮辱，都可以忍。"

想起小时候，我可忍不了，连爷爷打我，我都要报复。

爷爷十年前过世了，办丧事的时候，我爸他们兄弟几个有矛盾，没人管这个事。最后还是我拿钱把爷爷送走了。

人要懂得感恩。别人对我坏过十次，好过一次，我一定会记住这一次。不然，就没有今天的我了。

（部分人物为化名）

采访手记

认识武小军多年，我见他掉过两次泪。

一次是当年他赌博，输掉六十多万后，借钱还债，感愤于某些人的无情，感动于某些人的情义，他掉泪了。

一次是这次接受采访，说起小时候和骂自己"野孩子"的孩子打架，"那个时候是最最痛苦的"，他掉泪了。

而他从小到大，经历过那么多被侮辱与被伤害的时刻，他都没掉过泪。曾经，他的生存信条是，别人打我一拳，我还他两拳。

他赤手空拳，在暗黑中求生，不体面，却足够真实。我甚至认为，不如此，他就没法儿活下来。

在活下来并赢得尊严的过程中，他完成了自我救赎，且在某种程度上达成了与过往、与世界的和解。

他说："搞不明白那些去跳楼的人，有啥想不开的呀。"

他想着回报别人对他的好。他还记得，刚到我爱我家的那年冬天，他衣着单薄，在寒风中冷得发抖，店长刘姐带他去商场给他买了件棉袄，"花了八百块"。他还赌债时，刘姐"刷信用卡给了两万七"。逢年过节，他总是提着礼物去刘姐家。

他给年幼的女儿买各种好吃的，带她玩各种好玩的，补偿对女儿缺少的陪伴，也补偿自己童年生活的匮乏。

他承认自己没有太大野心，想着今后回老家找点儿事做，老婆孩子热炕头，也知足了。

也许，他是想带着尊严回去，好好安抚他内心深处那个"最最痛苦的"孩子。

一位骂我的阿姨跟我买了五套房

口述人：许莹，女，生于 1990 年，河南焦作人，2015 年入行，现工作地上海。

采访时间：2021 年 3 月 17 日。

那天很冷，风吹得脸疼，我在约定的下午 1 点半之前赶到那个小区，等客户张女士。

　　快 2 点了，张女士还不露面，我打电话给她。"不好意思啊，我们在来的路上，别的中介开车接上我们，先进小区了，现在看房呢。"张女士匆匆挂了电话。

　　我差点哭出来——入职 50 天开不了单就被淘汰，眼看没几天就到期，压力大得整夜睡不着，想起一岁多刚断奶的儿子在老家哭着要妈妈。好不容易约出来一个客户，我把留下的希望全寄托在她身上了，结果来这么一出！

　　陪我一起带看的小师傅在一旁泼冷水："这种客户就不要等了，她跟那几个中介看完也没你啥事了。"

　　我咬咬牙说："不行，我等她，我今天一定要在这儿等到她。"

"你要是心里不爽，挂了电话再骂他"

我决定不在老家等机会了。帮人卖服装，卖得再好，也挣不了几个钱。有个同学在上海卖房子，他在电话里跟我说，来上海吧，这里好挣钱。

我跟老公一起去上海，把儿子留给了爷爷奶奶。为了给他创造好一点儿的条件，再不想走，也不得不走。

到了上海，准备进厂，管吃管住一个月五六千块，比老家工资高，但是想想不甘心，就在同学的鼓励下，进了房产中介行业。老公去了一家叫太平洋的中介公司，我去了爱屋吉屋。

面试的时候我有些胆怯，就觉得之前卖几百块一套的衣服，现在要卖几百万的房子了，没有底气。

不过我不能在店经理面前露怯，就跟他说，我自己比较笨，做事可能会慢一点儿，但是我比较好强，以前卖服装，业绩永远是第一。只要别人超过我，我天天加班也得做过他。卖房子我确实还不懂，但我会尽全力去做好。

店经理可能被这个表态打动了吧，就把我收下了。

刚开始跑盘，我有点路痴，跑着跑着好多细节都忘了。有个比较大的小区，我第一次进去，找了半天没找到出口，后来问了保安才出来。

回到店里，经理会提问某个小区的楼栋号什么的，这些比较细的东西我根本答不上来，经理就说："你继续吧。"我又重新跑一遍，拿着笔记本边走边记，有的小区连续跑了三四趟才熟悉。

等到我对经理的问题能对答如流时，一个星期过去了，脚上已经磨出了血泡。

刚开始，打客户电话也紧张。电话响了我都不敢接，先翻开笔记本，看看上面记的跟客户沟通的要素。

每天打一百多个公盘客户的电话，经常被人骂，就觉得委屈，心想做这行怎么低三下四的。经理教我一招：别人骂你的时候，你千万不要在电话里跟他对骂，因为那样心情会更糟，有些业主甚至还要投诉你。我们是做服务的，最好不要得罪人。你要是心里不爽，挂了电话再骂。

做新人，我比较好学，组里的人不管谁带看，我都跟着，哪怕人家不高兴，我也厚着脸皮跟着。去了就是干点儿杂活，帮他们拎包、递鞋套。用不着我的时候，我就学艺，学别人怎么带客户、讲房子。

时间一长，我慢慢悟出来了：卖房子的学问，就是做人的学问。要把房子卖出去，你得深挖客户需求；而要深挖客户需求，你得让客户信任你，跟对方聊透。如果客户挑剔你，那说明他不认可你，你的服务再好，在他那儿都没有价值，就不要强求。

她骂我，认可我，帮我

讲个我的佛系销售案例吧。

六十多岁的马阿姨在我手上买了一套房子，还没办完过户手续，我的公司爱屋吉屋倒闭了。

这样的情况，可能有些经纪人就不管售后了。反正公司都没了，她也没地方投诉；何况费心费力跑了售后，也得不到什么好处。但是我觉得自己有义务帮马阿姨办完手续。因为当初她是认我这个人，就算公司不在了，还应该继续给她服务。

看到我没抛弃她，马阿姨夸我有责任心。

没想到，过户的时候出了状况：这一单之前是店经理帮忙算的税费，当时他算错了，少算了4万多。

马阿姨很生气，变了脸，凶巴巴地骂我："你怎么搞的，你会不会办事呀?! 当时跟我说好的税费，现在我要多拿出来4万多。这钱你自己贴上!"

这个事我确实有一定责任，但是让我一个业务员贴钱也不现实呀，我这一单哪能赚那么多啊。我只能耐心安抚她："阿姨，既然已经这样了，我也只能跟您说声抱歉。您也知道，当初算税费我没有参与，现在公司黄了，我们也没法儿找谁去。您放心，后续这些事情，我还会尽力帮您办好。"

我一再给马阿姨说好话，又给她的小孙女买了礼物，她才消了气，自己把钱补上了。

在这个过程中，马阿姨更了解我，也更认可我了。她跟我交心："我觉得你做事效率高，脾气好，阿姨以前说的话可能有些难听，你别往心里去。"

后来，马阿姨又在我手上买了四套房子。

她是个热心肠，只要身边有人想买房，就给我打电话："小许你快来，有个我们一起跳舞的姐妹要给儿子买婚房，我把你介绍给她了。"

我带那个阿姨去看房的时候，马阿姨跟着，基本上都不用我讲，她在旁边说房子这好那好，把人家说动了，帮我省了很多心。

现在，我跟马阿姨处得像亲人一样。有时候，她出门前会给我来个电话，问我忙不忙，让我开车把她送到某地。我就放下手头的事，开车去送她。

六个客户，四辆电瓶车

说起车，还有个好玩儿的。

客户李先生和父母一起住，要换大点儿的房子。他姐姐想和他一起买在同小区，方便照顾父母。所以每次看房，他们都是全家六口一起出动：父母、姐姐两口子、弟弟两口子。

他们来看房，我挺头疼，因为那时候我还没买车，只有一辆电瓶车，六个人，怎么带啊？

组里的同事帮我忙了。他们有三辆电瓶车，加上我的，一共四辆，每次浩浩荡荡骑到地铁站接人。一趟还接不完，剩下的两人，还得有两辆车去接第二趟。那会儿李先生的房子还挂着没卖出去，就一直跟我看房。每到周末，一家人来了，我就把那三个有电瓶车的同事叫上。

李先生一家人被我们的热心感动了，连声说，你们中介真不容易。

后来，李先生的房子卖掉了，收了定金，又来看房。刚好那时候房价开始涨了，我劝他赶紧买。他听我的，果断出手买了一套。李先生的姐姐过了两个月才通过我在同小区买了一套房子，比之前贵了 20 多万。

李先生很认我，后来又找我买了一套新房。

人和人之间就是这样：对路，你骑个破自行车带他看房也能成；不对路，你开劳斯莱斯去接他，他都不理你。

合同签了，房价涨了

做中介，谁都会遇到纠纷单。纠纷的起因往往是当事人看不开，卡在某个点上，太固执。

爱屋吉屋倒闭后，我转到我爱我家做店经理。手下经纪人的一个纠纷单挺让我感慨。

客户赵先生买了一套房子，买的时候房子距上次交易不满两年，要交全额增值税，他就提出等满两年后再过户，省点儿税费，业主也愿意配合。

快满两年的时候，赵先生去办贷款，结果资金链出了问题，信用卡逾期比较多，一百多万的贷款没批下来，他又没有那么多钱付全款。这就给我们出了个难题。

赵先生说他去想办法筹款，让我们帮他找业主争取付款时间。业主还比较好说话，我们帮赵先生争取了一个月的时间。

结果一个月到了，赵先生钱没筹齐，又让我们找业主延期。

付款时间就这么一直往后推，把业主搞蒙了，跟我们说，既然赵先生没有购房能力，那就让他别买了，"他给的首付款，我就扣5万块钱，其余的全退给他。你们再找一个靠谱的客户吧"。

从我们中介的角度来讲，要解决问题，业主的建议是可行的。

不过，退房，赵先生不甘心——房价一直在涨，这套房子从签合同到现在已经涨了40万。退了这套房子再买其他的，他更买不动。但是，他在短时间内又筹不齐那一百多万。

这个事就僵在那儿了。

我们又帮赵先生争取了一个方案：房子按现在的市场价打个折卖给他。毕竟问题的起因在他身上，业主又等了这么久。

赵先生不同意，他告诉我们，钱已经筹齐了，坚持要按合同价买。

业主这时候就来气了：哪有这么不讲理的人?! 他到法院起诉了赵先生。

赵先生也跟业主杠上了。他对我们说，他请了律师，这官司他会赢。

两边谁都不肯让步，这官司非打不可。

现在还没开庭，我们已经准备好了作为证人出庭，到时候把自己了解的情况如实告诉法官。

就我个人来看，这个案子，赵先生败诉的可能性比较大，因为是他先违约，没有按合同约定的时间付清房款。

我们这个行业出现过不少类似的案例，特别是在房价快速上涨的时期。你可以说是房价惹的祸，但很多时候，双方当事人多一些换位思考，多一些耐心去沟通，眼光放长远点儿，学会妥协，纠纷是可以避免的。老话说得好，"和气生财"。

等来的一单

现在该回过头来说说那个我一定要等到的客户张女士了。

张女士虽然跟其他中介看房去了，放了我的鸽子，但我并不怎么生气，当时只有一个强烈的念头：不管怎么样，我今天至少要见到这个人。如果最后连人都没见到，那就太遗憾了。要是她跟人家定了房子，那没办法；没跟人家定，我就还有机会，要争取一下。

那是我第二次带客户看房。性格里的执拗劲儿让我铁了心留下来等她。

小师傅催我走。我给他买了一包烟，把他嘴塞上了。

等了一两个小时，我给张女士打了个电话。她有些意外："我们还在看呢。要不这样吧，今天比较晚了，你们先走，我们改天再约。"我说："没事，我等您。"

我想了想，又给张女士发了一条短信："姐，没关系的，您放心看，我在小区门口等着您。啥时候看完，您过来找我。今天我一定要跟您见上一面。"

我感觉，张女士在这儿看房看了这么久都没走，应该是比较喜欢这个小区，而且近期会定房。

小师傅又闹着要走，我只能哄着他。我很清楚，他要是走了，我再执着也没戏，因为我还不会给客户讲房子，指望着他帮衬一把呢。

等了五个小时之后，傍晚6点半，天都快黑了，张女士和她男友终于出来了。见到我们，张女士连声道歉，看上去有些感动。

专业的东西我不会聊，我只能唠家常，其他的事就让小师傅发挥。他把客户的需求和看房情况都搞清楚了：买婚房，一个月内搞定；想买这个小区的房子；下午跟其他中介看了好几套，没有特别合适的。

我本来给张女士准备了五六套房子，结果一问，只有一套他们没看过——那套房子的业主还没下班，没看成。

我看时间差不多了，就给那个业主打电话。巧得很，他刚好到家，可以接待看房。

那套房子，张女士一眼就看上了。下了楼，张女士就问价格、税费之类的问题，小师傅讲得头头是道。

第二天，张女士把父母带来，一起看了那套房。父母也满意。我把他们直接带回店里，约了业主来，店经理帮忙谈，当天签约。

我赶在入职 50 天的截止日前开了单，活下来了。既觉得幸运，又觉得在这个行业"坚持就是胜利"真不是一句空话。

这个行业，有魔，有仙，有三教九流，适合修行。

（部分人物为化名）

采访手记

许莹的微信朋友圈是典型的房产经纪人风格：房源，房源，还是房源。偶尔穿插几句调侃，比如，"宝，你长得好像一个人。""什么人？""找我买房的贵人。"

一个售楼处人头攒动的短视频，她配了一段文字："房产干久了，人就佛系了，也不催客户买房了。因为我见过 10 分钟签约的，也见过看了 3 年还在等房子掉价的。有后悔买早的吗？只有后悔没早买的。打败你的不是房价，而是优柔寡断。"

语音采访，许莹平和的语气里，确实有一股执拗劲儿。学算税费，她"像魔怔了一样"，遇到一套房子就开始算，"满二""满五""不唯一"，给自己出各种题，不停地算，有时在家里的饭桌上还向同行老公请教算法。

她执拗，却不执念。遇到客户跳单，争取不回来，她也就算了："做好心理调节，让这个事情赶快过去，把目标放在下一个客户上。"

我问："这个行业最吸引你的是什么？"

她毫不犹豫："赚钱。"又补上一句，"让我的心理素质练得比较强大"。

我只卖上千万的房子，我的每个客户都是奇葩

口述人：王东东（化名），男，生于1984年，河南滑县人，2007年入行，现工作地北京。

采访时间：2021年1月26日。

在房产这一行，我当过总监，帮开发商拿过地，开过小公司，现在又做回了经纪人。我总觉得，只要会说话，就没有卖不出去的房子。

做这一行，最重要的是把握客户和业主的心理。你得成为老江湖，先观察，后办事。那些想跳单的客户，你如果一眼就能看出来，就修炼得差不多了。

我一直做高端，卖上千万的房子。在我看来，每个高端客户都是奇葩，因为他们考虑问题的角度和方式层出不穷。

跟他们相处多了，我也成了奇葩。

入职半年，没有一个客户

2000 年，我 16 岁，高中没毕业就去了南方，在广东惠阳的联想集团工厂当流水线工人，月工资 700 元。

由于机灵，三年后，我被调到人力资源部门做招聘，工资涨到 3500 元。

工作中我经常给应聘者打电话。有一次拨错号码，接通后才反应过来打错了。电话那头是个在北京工作的姑娘，听声音很亲切，我就顺便跟她聊了几句，聊得还挺投机。聊起各自的老家，我们都很惊喜——居然是同一个县同一个镇隔壁村的老乡，双方父母还互相认识。这缘分，真是奇了。我们互留了 QQ 号，这以后就经常在 QQ 上聊。两个人都没有处对象，结果就聊出火花来了。

2007 年中秋节，我们回老家见了面。双方父母都满意。

回到惠阳，我就把工作辞了，下定决心到北京，跟女友在一起。

2007 年 11 月 17 日，我到了北京。一个偶然的机会，看到链家一家门店的招聘广告。我看店里的小伙子一个个都西装革履的，还挺体面，就推门进去问：你们这里还招人吗？

就这么入职了链家，每月底薪 1200 元。当时就一个念头：我要成家立业，要挣钱。别的行业都是拿死工资，但在这儿，只要努力，就能拿到高收入。

入职之后，店经理给我安排的工作，我都双倍完成。我把店里收的钥匙全拿着，能看的房子全看一遍，空看。拿个笔记本，一边看一边画楼栋图，画周边的公交线路和配套。跑了一个月盘，把二三十套房子在脑子里记熟了。

下一步是找客户，把房子推出去。店经理让我在街边摆牌，不管刮风下雨，每天坚持好几个小时。为啥要这么做，他没告诉我。后来我自己悟出来了：每天都在同一个地方坚持做同一件事，就是让客户看到你，认识你，当他有需要的时候，他会发现，那个小伙子还在那里。对，你得先混个脸熟。

摆了两个月牌，只是有人来问了问，没有接到一个带看的客户。

不摆牌的时候，打公盘里面的陌生客户电话。我很紧张，以前做招聘时经常打电话，现在做起销售却好像不会说话了，一开口就面红耳赤，没上一个户。

入职半年，我还是个不折不扣的菜鸟，没有一次带看。

那时候市场比较萧条，同事都把工作重心转到租赁上。我不死心，自己花钱买网络端口发买卖房源的帖子。我发的全是上千万的高端房源。当时想的是，辛辛苦苦做一单，同样的流程，付出同样的时间和精力，为什么不去卖高端楼盘，多挣佣金呢？

她坐地铁来看房，说要买 5000 万的独栋别墅

2008 年 5 月，我接到一位女士的电话："你在网上发的帖子，有一套紫玉山庄的，这房子能看吗？"

我没有任何思索："能看，随时都能看。"

女士说，她姓殷，第二天上午过来看。

第一个客户，就这么来了。我抑制住内心的激动："要不要给您再找找其他的房子，您也一起看看？"殷女士答应了。

挂了电话，我开始琢磨这个事。紫玉山庄曾经号称全国十大豪宅之一，都是几千万、上亿的别墅，因为总价高，卖出一套很不容易。殷女士想看的那套别墅是个毛坯房，业主在其他地方住，看房不太方便。但客户打电话来，我如果说看不了就把人家吓跑了，得先把她约过来，再找几套同小区的其他房子带她看，这也是一种留住客户的策略。

我把情况向店经理汇报了，请他帮忙约几套紫玉山庄的房子。运气还不错，最后约到了两套。店经理答应陪我一起带看。

第二天早上，我跟殷女士通了电话，她说她坐地铁过来。店经理一听就拉了脸：买几千万别墅的人，连私家车都没有？

我对店经理说，咱先不要去判断这个，可能人家的车正好

今天限行，或者她觉得坐地铁方便，能把握时间。

店经理嘟囔着：这个客户不靠谱。

那会儿我俩都没有车，骑自行车去地铁站接客户。

殷女士准时来的。四十来岁，衣着简约。去紫玉山庄的路上，我向她解释了她想看的那套别墅暂时看不了的原因，说约了另外两套别墅带她看。她没说啥。

进了紫玉山庄，我东南西北都搞不清，只能拿出楼栋图边看边找。我向殷女士道歉："这小区我也是第一次来，而且我是新手，不够专业，请您包涵。"

殷女士点点头，没说啥。

两套别墅殷女士都没看上，店经理找借口提前走了。我陪殷女士在小区转转。我不知道聊啥，就开始拉家常。我问："您坐地铁来，是不是您家就在地铁口？"殷女士说她的单位就在地铁口边上。我又问她做什么工作，她说做教育的，一家有名的远程教育集团是她的公司。

我再次表示歉意："因为我的不专业，让您的看房效果不太理想。"

殷女士笑了："小王，我觉得你非常诚实。第一，这个小区的房子有很多经纪人说帮我约看，结果都没约着，我感觉他们说的那些房子都是假的。你呢，最起码帮我约到能看的房子了。第二，你是第一个跟我说自己不够专业的经纪人。这样吧，咱们再约个时间，下次你把周边能看的别墅都带我去看一看。"

我问殷女士的预算，她说得云淡风轻："5000万以内，只要独栋。"

她这么一说，我心里就踏实了——这是一个准客户。她像个亲切的大姐姐，让人信任。

殷女士第二次来看房前，我在电话里问，需不需要我打个车去接她。她说不用，自己开车过来。

殷女士开了一辆两百多万的奥迪A8L来。这次，我压根儿没叫店经理。看了三套别墅，殷女士锁定一套紫玉山庄的精装修独栋。香檀木装修，整个屋里都是香的。业主报价6500万，殷女士出5000万，业主不卖；加到5500万，业主还是不卖。殷女士说回去考虑考虑。

没过几天，殷女士给我打电话，说带她闺女再来看看其他的房子，我又帮她约了几套紫玉山庄的别墅。这次她开的是一辆两百来万的宝马M5。她闺女十来岁，一进紫玉山庄就舍不得走了。小区里面确实很美，湖里有天鹅，草坪上有梅花鹿。殷女士下定决心要买这里的房子，让我约那套香檀木别墅的业主再谈谈。结果我一联系，才知道那套别墅已经卖掉了。

其他房子都不中意，加上公司业务受到金融危机的冲击，殷女士告诉我，买房子的事暂时停一停。

过了一段时间，殷女士特意请我吃了一顿饭，还送我手表、领带和给我女友的化妆品。她说："你带我看房看了这么久，我愿意跟你交个朋友。以后呢，你就叫我大姐吧。"

从那以后，我们一直保持联系。她手下的员工要买房，她都推荐给我，后来我还去她的公司上了几天班呢。

这第一个客户虽然没成交，但给了我很大的启发：做高端，一定要诚实，不能忽悠，不能隐瞒，自己不知道的就老老实实说不知道。因为在高端客户那儿，你的小聪明完全是愚蠢，不要用穷人思维来看待他们处理问题的方法。

客户太"配合"，我帮业主多卖了30万

整个2008年，我一单没开，不管是买卖还是租赁。几千块钱的租赁单，我真不愿做。

年底的时候我离职了，回老家结婚。2009年春节过后，我又回到北京，重新入职链家，去了一个新开的门店。这次回来，我想更接地气一点儿，不再只做大别墅，先活下来。

当时我们店在报纸上打广告，推出几套优质房源。广告出来的当天上午，我接到一个客户电话，指明要看广告里提到的一套房子。下午客户过来，我带他看了房子，约业主一谈，当晚就签了。第一单来得这么顺利，我有点儿不敢相信，一下子

就看到了希望。

其实那时候市场已经开始火爆，我是赶到点儿上了。

第一单签完的第二天，发生了更神奇的事情。那天我到店特别早，正打扫卫生时，门口来了一个穿得很普通的叔叔，指着橱窗上展示的房源信息问："小伙子，你们这儿有没有大一点儿的三居或四居？"我说有。叔叔问："你能带我看看吗？"我说："叔叔，现在店里就我一个人，要不您稍微等一下，再来一个同事我就带您去看。"叔叔就坐下来等。

我利用这个时间差，抓紧在公司系统里找房源，有同事来了，我就带叔叔去看房。路上，我跟他拉家常，问他做什么工作、家里几口人，他一概不愿多说，只重复一点：要大房子。

我心想，他可能是在考验我匹配房源的能力。

带叔叔看了一套复式、一套四居，他都不满意，说要客厅和卧室全南向的，而且是装修特别好、能马上入住的，预算900万左右。

全南向的房子不太好找，我说帮他留意着。叔叔说他下午要出差，把他妻子的电话号码留给我，让我有合适的房子联系她。

说来也巧，那天下午一个同事就上了一套168平方米的全南向精装三居房源，我赶紧去看。一看，简直是为叔叔量身打造的。我在房子里就给叔叔的妻子打电话，让她来看房。阿姨打车来了，我在小区门口接上，拉着她就奔楼上去了。

阿姨一进房间就舍不得出来了。房子装修得非常豪华，红木地板可以当镜子用。业主是一家银行的高管，报价 980 万，底价 950 万。

阿姨有些激动："小王，我给你交点儿定金，这房子谁都不让看了。"

我问："阿姨，您不再考虑考虑吗？"

阿姨斩钉截铁："不考虑了，就它了！"

之前我担心阿姨砍价太狠，说 980 万是业主的底价。这是经纪人常用的策略，便于给买卖双方留出议价空间。我又问："房价您不再谈一谈吗？"

阿姨有些意外："啊，这个价格还能谈吗？"

我说："您可以跟业主见个面，适当谈谈价嘛。"

阿姨摆摆手："不谈了，就这个价格。"

当时业主在香港，他觉得好神奇啊，房子挂出来不到一个小时就卖掉了，而且挂的 980 万一分钱没少。过了几天，他飞回北京，叔叔也出差回来了，双方签约。

叔叔一下子拿不出那么多现金，准备贷 100 万。贷款的银行正好是业主当高管的那家，去面签的时候更逗了：银行一查，发现叔叔的信用卡有 16 次逾期——他的小舅子刷他的卡，老是忘记还款，每次都只欠个几十块。业主就给银行经办人打电话："不用管，这是我的忠诚老客户，直接放款。"贷款很快就下来了。

过户手续办完，业主给我发了个两万块的大红包，感谢我帮他多卖了 30 万。那个月我做了公司的销售冠军，个人提成也拿了好几万，一下子就找到卖房子的感觉了。在这一行，只要坚持，只要能承受各种打击，挣钱是早晚的事。

举出第一桶金

2009 年底，我跳槽去了主做高端的美联物业。我还是想多卖大房子。

我去的店面在国奥村附近。国奥村的前身是北京奥运会时的运动员公寓，知名度高，我很看好。

为了开发客源，我天天到街边举牌。为啥是举牌不是摆牌呢？因为那一块儿城管不让摆牌。既然这样，那我手上举个牌总管不着吧。我在牌子上写了"现场看房"四个大字，面向车流滚滚的大街，一只手举牌，另一只手拿着一串钥匙甩呀甩，弄出很大的声音。只要有人把车往我这儿一停，我的机会就来了：如果是准客户，他肯定会跟着我去看房；如果不是准客户，只是咨询一下，我最起码跟他混个脸熟。

我每天上午九十点钟出去举牌，一直到下午五六点钟才收工。有个小徒弟跟我打配合：牌子举时间长了手会酸，那就换个人举。

坚持举牌了一年多。大热天儿，我被晒得黢黑；大冷天儿，雪花落得我眉毛上都是。日子一长，周边的同行、物业、保安都认识我了，他们叫我"举牌小王子"。我时不时地给小区的保安买瓶水、买包烟，搞好关系。

因为举牌，我的客户量一直比同事的大，成交的单也是举牌时上的户。

这时，另一家中介公司房屋公园，也就是后来的思源地产，一个区经理来挖我。他家的资源更集中、机制更灵活，我就去了。

接着举牌。去的第三天就在举牌时接了个客户，签了一单，整个区域都轰动了。

2010年8月的一天，太阳已经落山，我在街边放下牌子，准备收工，一辆奥迪Q7停在我身边，一个大姐探出头："小伙子，来来来。"我凑过去问是不是想看房，她说已经在国奥村售楼处看完房了，但那儿没有她想要的户型。她想要带小院的一层房，而且指明了具体的楼号，因为她在那栋楼的其他楼层已经买了两套房。

大姐给我出了个难题——她要买的是一手房，而且范围锁定到具体楼栋的一层，符合要求的只有三套房子。开发商那儿没有的话，我也拿不到房源。我想了想，对大姐说，我动用我的关系，看看能不能找到清退出来的房源。大姐姓贾，把她的电话号码留给我，让我一有房源马上通知她。

说实话，这事我压根儿没上心。房源太难搞了。不过，我也没放弃，去售楼处和一个售楼姑娘聊了聊，让她在贾大姐想要的房源清退出来时告诉我。后来我请她吃饭，她找我问一些二手房市场的信息，一来二去，彼此就熟了。

过了大概半个月，售楼姑娘来电话，说现在有一套一层带小院的房子，可能要清退。我问楼号，巧得很，正好是贾大姐想要的那栋。房子总价 1780 万，必须全款。

我马上给贾大姐打电话。拨通后，贾大姐说她在山东，说话不太方便。我只说了一句"房子已经找到，您方便时随时给我打电话"。

没过几分钟，贾大姐回电话过来："是我想要的房子吗？"我说，是的。她有些惊喜："开发商不是说没有吗？"我回答："您不要相信开发商，您相信我。您现在找个人来交定金，我赶紧把房子给您锁定上。"她没犹豫，把我的电话号码给了她在北京的司机，让他联系我来交定金。

不到 20 分钟，贾大姐的司机带着 50 万现金找到我，去售楼处把定金交了。那是上午的事儿。下午五六点，贾大姐就从山东赶过来签了约，付清全款。

签约的时候我才想到，签完约就跟我没关系了，因为她买的是一手房，当时还没有一手二手联动，这就意味着我白忙一场。

好在贾大姐很讲诚信，她跟我说："我是从开发商那儿买的房子，但是没有你，我也买不上，我还是会给你中介费的。你收几个点？"我一听，喜出望外："按市场行情是成交价的三个点，但是这一单我只做了前期的事，您不用给那么多，就看着给吧。"

贾大姐要了我的银行卡号。当天晚上，她就把钱给我转过来了。你猜多少？反正我没猜到。

她给了40万，比我预计的"撑死20万"多出一倍。

贾大姐觉得我的办事能力比较强，请我帮忙再买两个车位。我说："这个事我不敢百分百答应您，但是我会全力去办。"她笑了："我相信你。既然给你转了这40万，我也不怕你不帮我啊。"

我花了两万块钱把物业经理搞定，帮贾大姐在她楼下买了两个车位。

贾大姐给的40万是我的第一桶金。因为卖的是一手房，跟公司没关系，算兼职收入吧。我拿这笔钱在燕郊买了房，还买了车。

这事让我体会到，没有什么不可能。看似不可能的时候，你不放弃，就有可能赚钱。

培养团队狼性

2010 年 10 月，公司把我调到其他区域的一个新店面当店经理。说是店经理，其实是光杆司令，去的时候手底下一个人都没有。我从其他公司挖了一个经纪人，公司又给我派来一批新招聘的大学毕业生，这才把团队搭建起来。

第一次做管理，我经历了一个适应的过程。一开始，我向团队强调"绝对服从"，恨不得让他们复制我的想法。结果遭到一些年轻人的抵触，有人甚至向公司投诉我的管理太强势，陆陆续续有一些人离职。后来我开始反思：90 后的思想状态，我没去搞明白，就按照我们 80 后的想法往前推进，确实会失败。

后来我在管理上变得人性化，没事的时候和这帮小年轻聚在一起聊天、打牌、打台球。我掌握了他们的普遍心理：他们一个月三千块钱的保底工资，公司提供免费宿舍，生活压力不像我当年那么大，所以要他们天天跑盘、摆牌，受人指使，他们没那个劲头。

我想了一招，用高消费去刺激他们的赚钱欲望。我要他们把自己捯饬利索点儿，带他们去商场，我花 2000 块买套西服、花 500 块买条裤子，叫他们看着："来，你们也给自己买。"我还带他们去高档餐厅吃饭，但 AA 制。就这么刺激他们。我跟他们说："你们很多都是农村出来的孩子，想想你们的父母，面朝黄土背朝天，一年挣不了几个钱，是不是？咱们在这儿卖一套房子，几万块就到手了，有啥理由不好好干？"这也算是培养团队的狼性吧。

我鼓动他们：不要老盯着小房子，奔豪宅去。

这么一弄，我的店业绩就上来了。

跳单客户的车被保安兄弟拦在小区门外

2013 年，我们公司要在一个代理销售的新小区开家社区店。那个小区的房子刚交，房本还没下来，对我来讲挣钱的概率更高一些。我主动申请，带了四个人过去。

去了以后，我做的第一件事，不是了解房子，不是开发资源，也不是接待客户，我给四个经纪人分别安排了任务：小区有东、西、北三个大门，三个人每人去一个门，从早到晚，盯保安的站岗情况；另外一个人，去跟保安队长套关系。我买了几条香烟、几箱矿泉水，让他们每天固定时间给保安送烟送水。"保安站着，你们也站着。每天早上拿出去的烟和水，你们一点儿都不能剩，全部送出去。"

他们一开始不理解：这是干的哪门子活？我只好跟他们交了底："跟保安的关系搞好了，他们就不让别的中介公司进小区了。"

后来，一个手下带保安队长来找我，我跟保安队长明说："其他中介公司谁也别让进，兄弟肯定不会亏待你。"他连连点头。

我又去找物业经理，用卖一套房子给他个人五千块的条件把他搞定了。

从那以后，整个小区全在我的掌控之下，别的中介根本进不去。他们带客户刚到小区大门就被保安拦住了，说是要通知业主，再让业主通知物业。其他公司的经纪人和客户只能在大门外等"通知"。这一"通知"，一个小时就过去了。客户肯定等不住，就看到我们站在大门里边，胸前挂着思源地产的工牌，手里拿着宣传页或房源钥匙。其他公司的经纪人肯定不服气，指着我们问："他们为什么在里面呢？"保安就说："他们是这个楼盘一手房的独家代理，当然可以进来了。"你说客户会选择谁？客户主动找我们要宣传页，根本不需要我们去切单。

那一年，我们店的月度业绩一直排在全公司前三位。公司让我去给其他店的同事分享成功经验，我对他们说，做业务一定要想明白自己占有的最大优势，对我来说，最大优势就是独家。

因为有独家的优势，我还成功制服了一个跳单的客户。

客户龚先生看中了一套房子，让我们帮他把价格谈到370万。我们做了将近一个礼拜的工作，业主才同意以这个价格出手。结果我们把买卖双方约到一起后，龚先生向业主提出再降10万，业主很不高兴，扭头就走了，我们拦都没拦住。龚先生开着车尾随业主而去，把业主电话号码要到了。

过了两天，我给业主打电话，业主说，房子已经卖了。我一下就意识到不对："卖了？哪个客户买的？您的房子没其他人看过呀。"他说是他一个朋友买的。我说："您的朋友不看房吗？"他说他自己带客户看的房子。我质问："您带朋友进这个小区，我们都会知道。您什么时候带他看的？"

业主发火了："我去我家还要跟你报备吗?!"

我一点不慌："不用跟我报备。但是您的房子是毛坯，钥匙在物业放着呢，谁来取钥匙我们都会知道的。"

"那我直接告诉你，就是上次见面的那个客户买的。以后你再也不要给我打电话了！"啪，业主把电话撂了。

我了解到，龚先生跟业主勾兑，私下交易，找链家的一个小伙子帮他跑过户手续，给了对方一点好处费，省了一大笔该给我们的中介费。

我给龚先生打电话："您这么办事不太地道。我们帮您把房价聊下来了，同样的价格，您去找链家的人走私单，把我们跳了。"

龚先生倒也淡定："你怎么知道的啊？"

我说，业主告诉我的。

龚先生不承认，不道歉，一副"看你拿我怎么办"的嘴脸。

我就来气了："那我就去链家举报这个事情，那小伙子的工作都得丢。这事是怨您还是怨谁？"

龚先生威胁我："你要是敢这么做，我让你在这里待不下去！"

我冷笑一声："您是北京人，您牛气。不过我光脚的不怕穿鞋的，咱可以试一试啊。"

龚先生气急败坏，开始骂人了。

我说："从现在开始我不再说这件事了。"怎么对付他，我心里已经有了盘算。

我让手下的人去把龚先生新买的那套房子的锁眼堵上。龚先生换了一把新锁。

我对经纪人说："这种违法的事情，咱们不应该干，没必要再去纠缠。他会主动来找咱们的。"

不出我所料，过了一段时间，龚先生果然给我来电话了。我没接，直接挂掉。他再打，我再挂。

你知道怎么回事吗？龚先生买的是毛坯房，要入住，得装修。他找的装修公司的工人和运材料的车，全都被保安拦在小区大门外了。他跑去物业闹。物业的人说："我们没有收到这套房子业主的装修报备信息，你是谁啊，你来装修人家的房子？"龚先生急了，拿出购房合同说这套房子他买了。物业的人继续持强硬态度："这种事情呢，我们只认业主，不认您这个合同。您这个合同在哪儿签的，我们也不知道。"龚先生没招了，就问这种情况他该怎么办。物业的人点他："你做的事情，你不知道该怎么办吗？你得罪了谁，就找谁呗。"

龚先生的电话被我连续挂了几次后，来了一个陌生号码的电话，接通，是一个女人，说她是×××，买了某套房子。我一听就明白了，是龚先生的老婆出马了。

我说："你买哪儿的房子跟我有关系吗？"

女人跟我套近乎："兄弟，咱们见个面聊聊呗。"

"我就在店里呢，你要来就来吧。"我想，来了也好，该摊牌了。

女人来了，先说好话："这个事情，确实是我们做得不对啊。"

"对与不对，咱们先不说，现在你找我有什么事？"我装傻。

"我买了这房子，现在就是想装修了，赶紧搬过来住。"

"跟我有关系吗？姐姐，你去物业办理装修手续就可以呀。"

"因为原业主拿到钱就不管这事了。我需要原业主的配合。"

"原业主为啥不配合你呢？"

"其实原业主也配合……"

"既然配合，你就装修呗，你来我这儿干吗呢？"

"还得你出面。"

"我出啥面？我又不是物业，跟我又没关系。"

"别这样……"

"什么叫别这样？"我火了，"你老公威胁我的时候，他怎么不说别这样？把你老公叫过来。今天你老公不来，你的所有车辆都得停到外面，你信不信？"

女人低着头，快步走了。

不一会儿，龚先生来了，脸上带着怒气，往那儿一站，犟着头："你想干吗？"

我盯着他："我不想干吗，把我的中介费给我。三个点，一分钱都不能少。"

龚先生眼里冒出火来，撸起袖子，想动手。我手下十几号小年轻都过来了，拳头握得咔咔响。我指着龚先生："法治社会，你动我试试。我们这儿有监控。看最后被弄死的是谁！"

龚先生一看这阵势，蔫了。

我也把口气放软："你想装修，可以。你先把你的火消了，别像吃了枪子儿一样跟我说话。我随时一句话，就可以让你进场装修，但是，你得先把中介费给我结了。"

龚先生不给钱。

我说："不给，你的装修材料永远都进不去，你信不信？"

他老婆先认怂了，各种赔不是。我说："我们是合法中介。你们跳单，咱都有证据。中介费你们别想赖。"

龚先生这才松口，同意给中介费，但三个点绝对不行。

我做了些让步，但两个点龚先生也不愿给。

我下了逐客令："今天就谈到这儿吧。就算你进来装修了，你还在这儿住着呢；我呢，还在这儿开我的中介公司。咱们抬头不见低头见，以后你在这个小区能不能住踏实，我还真不知道。"

龚先生想了想，一咬牙："这样吧，给你们 6 万块钱。"

6 万块，不到两个点。我说，得问问做这一单的经纪人同不同意。我把经纪人拉到一边，低声跟他商量："就这么着吧，要过来一分是一分。"他点点头。

龚先生交完钱，拿到收据，他的装修材料车立马被保安放行。

不动手，不违法，这个事就这么了了。

有些人会说，物业把你当成自家兄弟，是你拿钱喂出来的。其实不是。我觉得还是在打交道的过程中，一点一滴跟人家处出这种关系来的。光给钱也不行，人家也看态度，看是不是真心实意。没事的时候，请他们喝个酒，聊聊天，慢慢就有了信任。

江湖就是这样的。

闯海南

2014年，公司把我调到另一个新的豪宅小区带店。我还是用老套路，一去，先给物业一万块钱，说是给他们买慰问品。

这个小区还是在我的掌控之下，别的中介进不去，他们在附近开的店面，一两个月就关门了。

我升了区经理，不久又升了总监，看上去前途一片光明。

这时，我做了一个出人意料的决定：离职。

那是2015年，一个做地产开发的老业主找到我，请我帮他去海南开拓市场，给了我一个营销总监的职位，主要任务是拿地。底薪15000元，配车，有业绩分红。这样的机会，我不愿放过。

在海南，我车的后备厢里随时备着中华烟、茅台酒、冬虫夏草。三个月后，帮公司拿到了 30 亩土地开发旅游地产。不过我不敢继续干了，怕自己被黑洞套进去。

离职之后，我回到北京，在思源地产干了两个月，又离职开始自己创业。还干老本行，开了店，招了三个人，卖海南的海景房。我带了 10 组客户上岛，卖出 9 套房，开发商把返佣折成一套房子给了我。

不过当时风传海南很快会出限购政策，后来那儿的海景房就不太好卖了，我果断把公司关了。

一番折腾下来，我又回到了老路上，继续当房产经纪人。

聪明人之间的战争

我开公司的时候，还卖了一套别墅，最后的卖价比报价整整降了 1000 万。这个案例，称得上是聪明人之间的战争。

最初，我在朋友圈发了一套别墅的几张照片，注明价格 2600 万。一个比我小四岁的老业主冯先生给我来电话，说想看这套别墅。我带他去看了，他不动声色。

别墅业主曹女士有点儿着急："你那客户看完怎么说？"我说："他没给我反馈啊，您先等等。"

等来等去等不到冯先生的音儿，我打电话问他觉得房子怎么样。他说房子还行，不过他有房住，不着急。

"你跟业主见面聊聊呗，业主着急出售。"

"那业主最低多少钱能卖呀？"

"你想多少钱吧？"

"越低越好。"

"你总得说个数啊。"

"那就 2000 万吧。"

我就给曹女士打电话，问她最低多少钱能卖。

"客户是什么样的付款方式，我现在着急拿到钱。"

"您这么着急，是看好其他的房子了吗？"

"我的公司马上要在新三板上市，还差一笔钱。你那客户的付款周期是多长啊？"

"我问过客户，他说可以贷款，也可以全款。如果全款呢，他就要从他的公司账上抽一部分资金出来，或者想办法拆借一部分。"

"如果是全款，我就 2000 万卖；如果贷款，这个价格我肯定不会卖。"

我把情况反馈给冯先生。他马上接话："如果她这么着急用钱，我两天时间给她凑齐，不过就不是 2000 万了，是 1600 万。"

我倒吸一口凉气，真狠。"你感觉业主会同意吗？"

"你去试试嘛。"

"行。如果真谈到这个价格，咱们能很快成交吗？"

"如果谈到这个价格，你随时给我打电话，我随时去签合同。"

我又给曹女士打电话："客户现在手里没那么多现钱，但是他说为了表明诚意，他会想尽一切办法凑钱。具体能凑多少不知道，2000万他肯定是凑不到。"

"那怎么办啊……"曹女士的声音里满是失望。

"您上新三板最少要用多少钱呢？"

电话那头沉默了一会儿。"1500万。"

"客户说他顶破天差不多能凑到1600万，这个价格，您看能不能卖？"

电话那头惊呼起来："你压了我多少啊？压了1000万下来呀！这是绝对不可能的。"

"没关系，曹总您再想想，我再去做客户工作。"

我把曹女士的话转述给冯先生后，他笑笑："咱俩现在谁也不要跟她联系了。"

"你想好啊，这套别墅如果真的以1600万这个价格放出去，绝对是秒没。到那时咱们就没机会了。"

"你就随时盯着这套房子，如果有人去看房，你告诉我，咱们再商量。"

那套别墅曹女士没住，钥匙在小区的物业管家那儿，我就跟物业管家说好了，谁来看这套别墅，赶紧告诉我。

这期间，有两家中介带人来看了房，还都约曹女士见面聊了。不过据曹女士后来说，那两个客户虽然都可以全款，而且出价都在 1600 万以上，但是付款周期太长，她等不及。

第三天凌晨 1 点，曹女士给我来电话："你那客户还在吗？"

我一听乐了，心想有戏："还在呢。"

"如果我 1600 万卖给他，他什么时候能给我钱？"

"两天之内就转到您账户上。"

"你问问客户现在有时间吗？来我家见个面。"

"见面主要是聊什么？"

"如果 1600 万能在两天内到账，我就卖给他，因为确实着急用钱。我算了一笔账，如果这 1600 万到我手里，我能够顺利在新三板上市，可能只需要半年时间，就能回来 3000 万，甚至更高。我没必要再等着了。"

"明白。"

挂了电话，我马上给冯先生拨过去，把他从睡梦中叫醒。我说明了情况，让他马上跟我去签合同。

"现在吗？"冯先生还有点迷迷瞪瞪的。

"现在，不能再等了。"

我开车去冯先生小区门口接他。夜色里，他穿着睡衣、拖鞋出来了。

到了曹女士家，冯先生用手机银行转账 100 万付了定金，顺利签约。第二天，他把其余 1500 万转到了曹女士账上。

还有一件事挺逗：当时冯先生并没有购房指标，他花 8 万块找了个北京女人假结婚，弄了个指标。

这个单子就这么签成了，我拿到 15 万佣金。卖房这么多年，这是我经手的降价空间最大的一套房子，卖价比正常市价低了六七百万。

签单的过程，让我有很多感触。冯先生和曹女士都是人精，这笔买卖是双赢。表面看起来，曹女士卖房子亏大了；实际她是用暂时的损失，为自己赢得了赌一把的机会，赌成了，就是财源滚滚。

冯先生把对方的心理摸得透透的，利用这一点达成了自己的目的。现在，我们还时不时聊聊天，他买的那套别墅已经升值到 3000 万了。

他玩人家，人家反过来把他玩了

2016 年，我入职我爱我家，先当了两年店经理，后来退下来做经纪人，卖的房子都在 1200 万以上。

好房子不一定是好人住。很多时候，围绕一套房子，人性的阴暗面展现得淋漓尽致。

艾先生是个炒房客，他老要我帮他找性价比高的房子。这哥们儿满嘴跑火车，跟你约好的时间，他永远迟到一两个小时，店里的同事都不待见他，说他是个骗子。我倒无所谓，我不给客户贴道德标签。

一个洋房小区出来一套优质房源，1360万，我推给艾先生，他看后觉得不错，说打个电话让他爱人也来看看。我有点儿意外，因为前不久他还说离婚后一直单着呢，这么快就再婚了。我恭喜他，他也挺美的。

过了一会儿，艾先生的爱人黎女士来了，三十来岁，话不多，看上去温柔恬静。黎女士也对房子满意，当天他们就交了定金。

签约、办手续过程中，我了解到，艾先生和黎女士只是露水夫妻，没领证。黎女士之前卖了一套房子，手里有三百万，这笔钱作为购房款的一部分，艾先生再拿出两百来万，剩余的八百多万，用这套房子做抵押从担保公司贷出来，艾先生一个人每月还款。因为艾先生没有购房指标，房本上只写了黎女士一个人的名字。

房子过户之前，黎女士怀孕了，艾先生喜滋滋的，爽快地答应了她提出的买车要求，花140多万买了辆奔驰S400L顶配版送她。

金屋藏娇，美人香车，艾先生的故事看起来很美好。

两个月后，我在看网签数据的时候，意外地发现艾先生刚买的那套房子又卖掉了。

很快，艾先生来找我，哭丧着脸。一见面，他就悲愤交加："那个烂女人偷偷把房子卖了，车开走了，人不见了，把我拉黑了，人间蒸发了！"

这个事把我震惊到了。黎女士带着卖房的一千三四百万和艾先生送她的豪车，就这么消失了；艾先生人财两空，还得背上一笔八九百万的高息贷款。

接近崩溃的艾先生要我帮他去找黎女士。我去哪儿帮他找？我也没义务帮他找啊！

这个事是狐狸与猎人故事的现代版。艾先生以为自己很聪明，用黎女士的三百万做杠杆撬动贷款。杠杆确实撬起来了，但是更狠的一手在后面呢，他玩人家，人家反过来把他玩了。

我从旁观者的角度看，这两人彼此之间没有感情，也就是性伴侣吧，相互利用。

其实当初艾先生突然蹊跷地有了个女人，而且他俩本来没有买那套房子的经济实力还要买，我就预感会出事，只是没想到会以这种方式出事。

老江湖看人

卖房子这么多年，我也算老江湖了，看人看事多少有了一些心得。

有些客户，不把经纪人当人看，用到你的时候跟你称兄道弟，用不着你的时候你狗屁不是。

这种人的内心有一个非常大的弱点，那就是以自我为中心，总想被人关注，成为众人的焦点。对付这种人，你哄着他，给他抬轿子就好了。时间长了，他会把你当成合作伙伴，跟你分享他的东西。他一般不会跳单。

跳单的往往是那些买四五百万、六七百万房子的客户。他们辛辛苦苦积攒了多年才有能力买房，要交出十来万的中介费，当然会肉疼。怎么防止他们跳单呢？只能先打预防针，告知交易风险，"你要私下交易，你的钱就可能打水漂了"。而对那种投资型客户必须盯紧，他们一般都很懂套路了，你一定要把控好业主。就像那个艾先生，其实他刚开始想跳单，私下去找业主了。还好我提前给业主打了招呼，让他别接待艾先生。

现在，对想跳单的客户，我一眼就能看出来，凭一种直觉，像女人发现男人出轨的那种直觉。

江湖险恶。

（部分人物为化名）

采访手记

在周围同事眼中，王东东做业务是"野路子"。在我面前，他不讳言这一点。访谈中，他表现出了令人惊讶的坦率。在他看来，那些不那么体面的手段，是一个经纪人必备的生存技能，甚至是维护自身权益时的必杀技。

"对那些跳单还不讲理的人，绝不客气，绝不手软。你来硬的，我也来硬的；你跟我要无赖，我也跟你要无赖。"说完，他笑笑，"你是不是很失望啊？"

我也笑了："一点不失望，我喜欢这样的真实。"

我问他："行走江湖多年，你有没有掉过大坑？"

他回答："大坑没有，小坑不断。"

访谈结束时，他说："说实话，干了这么多年，很多东西真不愿意去说。"末了，补上一句："我给你说的这些可能不够正能量哈。"

其实他在访谈中说了不少正能量，比如这个行业给他的最大启示是，有责任感和压力才有可能成功。

还有一些他没说出来的正能量，比如他是出了名的爱孩子，女儿在视频聊天中一哭，"爸爸，我想你了"，他就坐上高铁回老家了。

我和孙子辈的小年轻合作，和不讲究的违约者交锋

口述人：张文莲（化名），女，生于 1954 年，黑
龙江双鸭山人，2008 年入行，现工作地北京。

采访时间：2021 年 2 月 2 日。

我是 1954 年的，54 岁开始干房产经纪人，是同行里的老大姐了。大家都叫我"张姐"，不光中年同事这么叫，连一帮孙子辈的 90 后也这么叫。我属马，有时候开玩笑说，房产中介行业不只是帅哥靓女，还有一个老骥。

　　大家都不觉得我老，我自己也这么觉得。我身体挺好，没有"三高"，感冒都很少，作息规律，从体力到心力都还能适应这个行业。

　　这个行业被很多人误解了，他们认为中介就是忽悠人的。他们只看到经纪人成一单收上万的佣金，却看不到经纪人为了这一单所做的大量基础工作，看不到经纪人常常是白忙一场，看不到经纪人承受的压力和辛酸。

　　这个行业确实门槛不高，除了一定的专业知识，主要就看你的沟通能力和情商。你应该实在一点，但不能太傻，不然搞得不好就被客户或业主耍了。

我可以用自己的亲身经历负责任地说一句：这个行业，没有想象的那么简单。

从播音员到经纪人

我是 1971 年参加工作的，在双鸭山煤矿。工资 27 块 5 毛，后来涨到 31 块 5 毛、35 块 5 毛、41 块 5 毛，就这样几年涨一级，一级涨 5 块左右。

我在基层工作了一年，来了个机会：在工人阶级里面选播音员。我一考就考上了。

我每天三次播音，内容包括新闻、政策宣讲、好人好事之类。那是"文革"后期，宣传这一块儿挺受重视，节假日还有保卫干部给我们站岗，不让外人搞破坏。

我们那儿是重工业地区，女同志能做的最好的工作就是当播音员，轻松，体面。有人说，当播音员，给个县长都不换。

干了 20 多年播音员，到 90 年代后期，矿里开始减员。1999 年，我女儿上大三那年，矿里就不开支了，那时候工资也就 200 块钱左右。我托人办了退休，当时还不到 50 岁。

退休以后，我和妹妹一起开了个农资店，生意还可以，每年有十几万的收入。干了几年之后，女儿在北京成家立业了，她要我到北京来，等她生了孩子帮她带。

2008 年，我把生意交给弟弟，到了北京。那时候我先生还没退休，我一个人过来。女儿为了给我落户口，在京郊房山区窦店镇买了一套小房子。当时她还没生，我一个人在家待着，闲得慌。

有一天我去逛超市，看到华熙地产招聘经纪人的广告。我就按广告上的地址找到那个门店，推门进去："你们这儿用人是吧，我在哪儿报名啊？"

区经理跟我聊。我简单介绍了自己的情况之后，他没拿我的年龄说事儿，只是问："你能坚持吗？"我说："能，我身体不错，目前孩子那儿还用不着我。"

区经理点点头："明天来上班吧。"

我赶到点儿上了——2008 年的市场不好，中介不好招人，想做就都能做。后来不行了，年龄卡在 45 岁。

上班之后，跑盘，打陌生客户电话，我都还算可以，毕竟阅历在那儿。

我那个时候对电脑还不是很熟，只会打拼音，网上发房源帖挺费劲儿。但是在匹配房源和客户信任度方面，我有点儿优势。带客户看完房以后，我会琢磨他们的需求，尽力找适合他们的房子，他们觉得我挺诚恳、挺靠谱的，所以成交的概率大一点儿。

店里的年轻人自然都找我合作：他们在网上发房源，有客户来，我帮他们找房子、带看、谈单，成交了就一起分业绩。

上班第二个月，我开了第一个租赁单，第三个月开了第一个买卖单。

那一年的房子不好卖，客户特别少，跟业主聊价格特别好聊，一个电话，业主就让5万。

但是到2009年就完全不一样了。房价随时在涨，在这么一大笔钱面前，人心也在随时变化，让我见识了这个市场的复杂，就像老话说的，"翻手为云，覆手为雨"。

赔双倍定金也不卖

2009年的市场和前一年完全是鲜明的对比。那年春节过后，房价就一直涨，我们店里就像赶集似的，客户出去一波进来一波，有时候得同时带三波客户看房。

谷先生把他的房子挂出来卖，报42万。我的一个客户谈了2万下来，40万，双方在晚上签约，客户交了2万定金。

第二天早上，谷先生给我打电话："房子不卖了。"

我吃了一惊："咱们都签完合同了呀，这样您就违约了，得双倍赔人家定金，还有我们的中介费也该您出。"

他很淡定："我赔，我赔。"

我问谷先生为啥不卖了，他叹了一口气："实话跟您说，我昨晚一宿没睡着。我想着我这个房子真没赚到钱，要是现在卖了，可能再也买不着比这合适的。我不卖了，等等吧，等涨高点儿再卖。"

我也只能说："您认赔就行。"

我把客户约到店里，说明了情况。客户一听就炸了："那他赔我！他耽误我事了，我还得重新买房呢。"

我只能当和事佬："人家承认赔您，这就不错了。我再帮您找其他房子啊。"

客户想了想，也就没再说啥。

谷先生到店里来，把双倍定金 4 万块赔给了客户，又把一万多中介费出了。付完钱，他笑着把存折在我面前晃了晃："您看我这存折上都没钱了，都赔你们了。"

我帮客户另买了一套房子。这套大了 5 平方米，多了 3 万块，43 万签的。他到现在都没卖呢，房价涨到 180 多万了。

谷先生那套呢，是在 2013 年左右出手的，卖了七八十万。

事后来看，谷先生当时宁愿违约也不出手，后来卖出多一倍的钱，赌对了。他虽然违约，但没折腾人，把定金和中介费都赔了，算是个讲究人。

还有很多不讲究的呢。

借钱给客户

也是 2009 年，蒋先生要卖他那套新装修不久没怎么住过的房子，跟我说他诚心卖，让我帮他找靠谱的客户。

我带客户小卢和他女朋友去看房。蒋先生很热情，忙着给小卢他们介绍房子。他是报纸编辑，挺会说的，把他那房子夸成一朵花：格局好，客厅和卧室都朝南；装修也好，红沙发挺喜庆，原准备给他女儿作婚房的。小卢他们刚好也要结婚，对房子很满意，当天就和蒋先生签了合同。房价蒋先生让了一万，43 万签的。

那时候房价每天都在涨，签了合同，蒋先生就有点儿后悔。

我约小卢和蒋先生做贷款、网签那天，我们在公司总部坐着等银行的人来，蒋先生翻公司出的小报，看到上面的房价信息，脸色就沉下来了。

他问我："小卢能给我首付吗，今天？"

我愣了："咱不是说好了，批贷以后再给首付吗？"

他很坚决地说："不行，我今天必须拿到首付。"

在大公司，一签完合同，客户的首付款就存进银行存管账户。我们不一样，当时的操作流程是批贷以后客户再给业主首付。本来银行有规定，得看到首付收条才批贷，但在现实操作中是有灵活度的，一般情况下，批贷后再把首付转账的回执给银行就行。

蒋先生突然提出当天要拿到首付，小卢一点儿准备都没有。我把他拉到一边，低声问他17万首付凑齐了没，他说，还差5万。"您不是说一个月后再给首付嘛，那5万我妈还在借呢，我以为一个月时间来得及。"

我把小卢这边的情况跟蒋先生反馈了，请他通融一下。他不依不饶：今天必须拿到首付，才配合我们做贷款、做网签。

银行的人来了，等着我们做贷款，蒋先生就是不做。

银行的人等了两个小时，我好话说尽，蒋先生就是不做，天王老子来了都不做。

我心想这人怎么这么不讲究，问他："那今天要是小卢交了首付，您就能配合做贷款和网签了吗?"他硬着头皮说，是啊。

我又悄悄问小卢："你那个钱今天能不能凑上?"他一脸苦笑："您给我十几天的时间，能凑上。"

我咬咬牙："你给我打借条，我借你5万。"我老家的房子卖了，房款头两天刚打过来。

说实话，为了成单，借给一个非亲非故的客户这么多钱，我胆子挺大的。当然，我也不是一点儿谱都没有——借钱给人买房，房子在那儿跑不了；再说，小卢的女朋友就住在附近村里，我能找到人。

其实几年后的一个事，也是我借钱给客户，结果钱要不回来了。

老陈是包工头，在我这儿租了一套房。他包了一个工程，找了几个老家的人来干活。有一天他来找我，说有急事要回老家，但是他的钱都压在工地上，让我借他三千块钱。他说得挺诚恳，说第二天就还。

我说："三千块我现在没有，只有一千。"人家遇到事了，向我开口，我不能不帮呀。

老陈说，一千也行，拿上钱匆匆走了。

第二天，我出去给客户过户，接到老陈的电话，说到店里找我，准备还我钱，结果我没在，只能另找个时间把钱还我。

我办完事回到店里，同事说，老陈确实来过，问一下就走了。

那时候都还没用微信，转账没有现在方便。我就给老陈打电话，没想到他不接。

我去老陈租的房子那儿看看，发现房间里的东西都清空了，只有两双鞋。房主说，老陈已经回老家了。

过了两三个月老陈都没回来，房主说这期间老陈一直没交房租，让我给办了退租。老陈以前交的押金被房主充当房租了。

这期间，我又给老陈打了好多次电话，他都不接。后来再打，他直接关机了。我明白，他是不想还钱了。

当然，这是后话了。如果这事发生在前面，可能会让我借钱给小卢时多掂量掂量。

小卢有点惊喜，说十几天就还我钱。

蒋先生没想到小卢能当场把 17 万首付款一分不少地付清，没办法了，贷款和网签都配合做了。

等到贷款批下来，要办过户手续的时候，又出了幺蛾子：蒋先生明确告诉我，房子他不卖了，因为他觉得卖亏了。

我有些生气，不带这么折腾人的。不过，想到小卢还眼巴巴等着呢，我又耐着性子做蒋先生的工作。打了多少次电话，人家就一句话：不卖了。

实在没辙了，我跟蒋先生说："您就负违约责任吧，得双倍赔人家定金，我们的中介费您也得出。"

蒋先生只同意赔小卢双倍定金，不想给我们中介费。我说："您好好看看合同上的违约责任是怎么写的。"他又开始磨叽："中介费少出点儿吧。"我很坚决："不行，因为您违约了。"

最后，蒋先生还是赔了小卢双倍定金，出了全额中介费。他那套房子，过了几年才卖，价格翻了倍。

小卢提前兑现了他的承诺，一个星期就把那 5 万还我了。

他没有让我帮他重新找房子，说等等看。后来，他和女朋友分手了。真是阴差阳错。房子没买成，感情也告吹了。

违约房主偷鸡不成蚀把米

房价天天涨的时候，除了不讲究的，还有耍赖的。

2017 年初，孟先生要把他父亲那套房子卖了。他父亲骨质疏松，摔了一跤，骨折了，他就把老人接到城里了。这房子一空出来，他就着急卖，挂了 150 万，比市场价低了十来万。

我带客户金先生看这套房子，他一眼就看上了。

我给孟先生打电话，请他过来面谈。他说不方便，得照顾老人。我提出和金先生去找他，他同意了。

到了城里孟先生家附近，我跟他联系，说去他家里看望一下他父亲。因为毕竟房本上房主一栏写的是他父亲的名字，我想听听老人的真实意思，以免出现什么问题。

孟先生不让我们去他家，说老人生活不能自理，家里太乱了，约在一家麦当劳见面。

见了面，孟先生申明房价不能谈，金先生也认可，很快就签了合同。

合同报到公司，风控提出意见：孟先生只是房主的代理人，如果房主确实生活不能自理，必须做一个房主为无民事行为能力人的鉴定。

我把风控的意见转告给孟先生，他表示愿意配合，跟我去了法院，申请无民事行为能力鉴定。按法院的要求，孟先生带他父亲去医院做了鉴定。

鉴定结果出来后，市场上开始风传北京马上要出更严格的限购限贷政策，购房人恐慌，房价一下子就涨起来了。这时候，孟先生的心态发生了变化。

我打电话给他，让他配合往下走手续，他有时候不接电话，有时候接了，不听我说，只是问现在他父亲那套房子的价格涨到多少了。

我心想不妙："您看咱们已经签合同了，就得按合同流程走了。"

他也不藏着掖着了："我不想卖了。"

我说："您不想卖了，那得负违约责任啊。"

"我再考虑考虑。"他说完，就把电话挂了。

这以后，我又给孟先生打了好多个电话，他还是爱理不理。我看出来了，他不想赔人钱。他就这么拖着，一直拖了三个多月。这期间，北京的"317新政"出台。按新政规定，金先生因为在老家有过房贷记录，现在购买的这套房子要按第二套房贷款政策执行，首付比例提高到八成，给他来了个措手不及，还得去筹钱。

我在电话里跟孟先生说了硬话："有啥问题咱们得解决吧？您这样拖着，耽误人家事，把人家搞得很被动。再说，您这房子咱们已经网签了，就算您想再卖个高价，也没法卖了。您看着办吧！"

孟先生还是不表态。

我就跟金先生说，起诉吧。

金先生起诉以后，请了他一个在法院工作的同学作代理人。

我和区经理作为证人去法庭。去了以后，说是庭外和解，代理人让我们回避，他跟孟先生单独谈。

他们谈完之后，孟先生出来跟我们说："我赔客户的，不赔你们，因为合同不是我父亲签的，表达的不是父亲的真实意思，合同无效。"

这是翻脸不认账了啊。我直接掉他："您父亲的无民事行为能力鉴定书不是都出来了吗？"

孟先生一时哑口无言。他跟代理人商量了一下后，告诉我，他决定双倍赔金先生定金，该给我们的中介费也赔给金先生，因为人家确实损失挺大的。

我本来还想把中介费要回来，区经理跟我说："别较这个劲了，您跟法院较什么劲？事情解决，客户那边不追究，就算了。"也是，给金先生多补偿点儿吧。这么一想，还有点儿欣慰。

最后这案子就庭外和解了，双倍定金和中介费都给了金先生。做这单花了将近半年时间，我白忙一场。

2020年底，金先生又来找我买房。提起当年的赔偿，他说："张姐，您以为我拿到多少钱了，没有呀，大头都让我请的那个代理人留下了。"

我还能说啥？

孟先生折腾那么久，房子也没卖上价——"317新政"出来后，房价就往下走了。他那房子是2018年卖的，价格也就最开始挂的150万左右，算上双倍定金和中介费，他还赔了7万。

这就叫人算不如天算。

他坚持要改格式合同条款

2020年3月，客户郑先生找到我，要买房。这人挺鸡贼的，我正帮他谈他看上的房子呢，他又另外找了三四家中介到处看房，看来看去，还是觉得我帮他谈的那套好。

那套房子的房主也不诚恳，他没办房产证也不告诉我。我让他把房产证发来看看，结果他把他另一套房子的房产证发给我了。我一看不对头，这合同没法签了。郑先生怪我："您这是给我推荐的啥房子啊？耽误我一个多月。"我也挺下不来台的，就给他找别的房子。

后来郑先生又看中一套，188万，他要定，就跟我砍中介费。因为之前有个差错嘛，我给他申请了最低的折扣，只收1.5%。我们通过自己公司买房，中介费也要交1.5%呢。

郑先生让我给他写合同。我有点蒙：合同还没签呢，怎么写？他让我先给他写一遍，他要拿回去研究。我就把我们的格式合同拿出来给他复印了一份。第二天，他又来了，指着合同条款，这儿不行，那儿不行，要怎么怎么改。我说，这是固定条款，改不了的，签合同的时候再把每套房子的信息填上去，不同的付款方式，对应不同的操作流程。郑先生听不进去，就要改。我苦口婆心给他解释，他一生气，摔门走了。

这以后，他天天都来店里要我改合同条款，扯了一个多月的皮。他还让我去跟房主把房价聊到185万，把房主也搞烦了说："这人事儿太多了，我不卖给他！"

话是这么说，卖房的事，不到最后一刻，谁都不知道怎样。后来，房主和郑先生被另一家中介约过去了，好说歹说，他俩在那儿签了，价格还是188万，中介费收了一个点。

您说这叫啥事儿啊，郑先生闹了两个多月，就省了0.5%的中介费，不到一万块。

我给领导说了被郑先生跳单，领导说，算了吧，这种事儿也没个证据，不好弄。

我一想也是，别跟这种人生气了，要是陷在纠纷里，自己也会成天不痛快，过去了就算了，再做新客户吧。

清华博士也跳单

跳单的，啥人都有。

朱先生是大学老师，清华博士，四十多岁了还没成家，急着要把放学校三年的集体户口迁出来，买套房子落户。他跟我看房，看中了一套，房主也诚心卖，人家的户口留三个月就可以迁出去，但他等不了，就没签成。我又带他看其他房子，看了好多套。

后来我带他去看新出的一套房，还在路上，一家小中介的人给我打电话，借那套房子的钥匙。在我们这一行，同行之间借房源钥匙是常有的事。我说："过一会儿吧，等客户看完了您再给我打电话。"

朱先生看上了那套房，让我跟房主聊价格，说聊到他的心理价位就定。他把他母亲的电话号码留给我，说他平时上课接电话不方便，让我有事跟他母亲联系。

朱先生回去了。小中介的人也一直没再打电话来。

在电话里，房主倒也爽快，让到了朱先生的心理价位。不过说到签约的事，他说他在城里呢，最近有些忙，等几天过来。

我又给朱先生的母亲打电话。他母亲说，朱先生出差了，要很长时间才回来。

这么快就出差了？不是着急买房落户吗？我觉得有点儿蹊跷。

跟我合作的同事大大咧咧地说，那就等他回来吧。

等了一段时间，朱先生还没回来。我给房主打电话，他说房子已经卖了。

这么快就卖了？我觉得不对劲儿。

同事给朱先生的母亲打了个电话，对方改口了：不想买那儿的房了。

一听同事的转述，我马上有一种不好的预感。"他是不是偷偷找小中介买了那房子？他找我们的同时，也找了小中介。难怪那天小中介后来没再管我要那套房子的钥匙，因为知道他跟我们看过了嘛。"听我这么一说，同事也觉得有可能。

当然，只是有可能，我没有任何证据。直到有一天，我坐车路过朱先生当初看中那套房的小区，看到一个熟悉的人影从小区里出来，仔细一看，正是朱先生。我没吱声，看着他走进了旁边的建材城。

到了店，我对合作的同事说，朱先生可能真把我们跳了。我给他说了在车上看到的一幕，他直叹气。

为了确认我的猜测，我给朱先生的母亲打电话，一上来就说："姐们儿，你这样做不对啊。"

"有啥不对呀？"

"我今天看见你儿子了，从我带他看房的那个小区出来，去买建材呢。"

她就笑了："哎呀，我还想给你打电话呢。挺对不起的啊。说实话，这套房子，我们是凑钱买的。我供儿子上学上到博士，手头没啥钱，我得把老家的房子卖了，给他凑首付。凑不上来那么多钱，我们就在别的中介签了，人家收的中介费比较低，就几千块钱。"

事情确定了，我倒也平静："他们收得便宜，因为只是走了一个手续，带你儿子一套又一套看房的是我呀。咱们以后还会见面呢，你们这样做，于心何忍？"

"对不起，对不起。"她把电话挂了。

还不是算了。

不较真儿

这个行业啊，我们面对的不确定因素太多了。

碰到市场膨胀的时候，房价你把控不住，房主的心态你把控不住，客户就会把责任怪在中介头上，说你不靠谱。

有时候约好了买卖双方来谈判或者签合同，客户临时有事来不了，房主也会说你不靠谱。

一个同事签单之后，客户因为征信不行，银行拒贷，又没有能力付全款，只能退房。房主不依不饶，要告我同事，理由是把这么差劲的客户介绍给他。

其实没有那么多中介想骗客户，因为靠骗你也不可能成单。把最好的房源找出来，摆在客户面前，让他们自己去选；房主这边只要能谈，我肯定尽力去谈。

不过，有些事情，再尽力也左右不了结果。

比如，同公司另一家店的经纪人撬单，都要签合同了，他一个电话打给房主，说有其他客户愿意多出两万，逼得我的客户只好也加两万才签下来。投诉到领导那儿，人家只想息事宁人，我还能怎么办？

又比如，同一家店的同事也撬单，我刚给房主打完电话说第二天带客户去签合同，就被店里一个年轻人听见了，他马上也给这个房主打电话推他的客户。除了说说他，他脸红一下，我还能怎么办？

我挺直的，你不能随便欺负我，但我也理解，谁都想成单，事情过去就过去了，我也不太计较。这么多年的磨炼，我是不愿意较真儿的。有那较真儿的劲头，还不如多做几单。得到别人的信任，帮他找到满意的房子，成交之后，还是有一种成就感的。这种成就感，让我在这一行坚持做到现在。

我虽然快 70 岁了，但我觉得自己的心力和体力还没什么问题，做一两年后去开个民宿，或者在这一行再坚持个五六年，都有可能。

（部分人物为化名）

采访手记

"我觉得经纪人像记者一样，应该是越老越值钱的。"饭桌上，我对张文莲说。我也叫她"张姐"。

张姐点点头。我接着说："西方国家的经纪人干到七八十岁呢，您在那边就算年轻的了。他们像律师一样，专业，体面，佣金还高。"张姐眼中流露出憧憬："希望我们也往那个方向走。"

张姐入行不久就成了公司的"先进个人",当了房山区的"签单第一人"。女儿生娃后,她离职帮女儿带了两年孩子,"不愿闲着",又回来了。她受不了除了吃饭就看电视的生活,"那就真老年痴呆了"。

窦店远离城市中心,差不多在北京的最边儿上,从二环坐地铁过去,再打一段车,要近两小时。相比城里,窦店的生活节奏是小县城式的,连以工作时间超长闻名的房产中介,生活也偏规律一点儿。每天,张姐早上八点半上班,中午有一个半小时的休息时间,可以回家里眯一会儿,傍晚六点下班。每个月能在非周末休息一两天。正因如此,张姐的身体还扛得住。

张姐有房子,有退休金,生活压力没有年轻同事那么大,"做一单是一单","佛系销售"。她笑道:"反正我就做好自己的事,没有把自己逼疯。"不过,她从来都对自己高要求,"尽百分百的努力去给客户匹配好房源"。有时候,年轻的店长跟她开个玩笑:"张姐,等着您开单呢,您这两个月不开单,我这店长还吃不吃饭了?"她跟着笑笑,很快就又开单了。

女儿心疼她,"这么大年龄了,做什么呀",但她还是坚持做了这么多年。我甚至感觉她会永远做下去。我想,在这个行业，除了她说的成就感，她是有一份感情、一种期待的。

　　她感谢我"帮经纪人树立形象"。吃完饭，她抢着买了单。分别时，她送我上了出租车，在车窗外微笑挥手。冬日的阳光下，她看上去还那么年轻。

我在这个行业见识了太多利欲熏心

口述人：凌林，女，生于 1988 年，广东韶关人，2011 年入行，现工作地广州。

采访时间：2021 年 2 月 7 日。

我怀着强烈的赚钱欲望进入这个行业，却在一周内打了退堂鼓。

我在被淘汰的边缘遭遇了"开门黑"——第一单就被人跳单，却又靠别人的帮助活下来。

我成了每月做十多宗租赁单的"租后"，转做买卖后却被店长压制、不公平对待。

我销售业绩名列前茅，却被炒房客用文字游戏玩了一把。

我见识过太多围绕房子而生的人心凉薄，却总是感动于客户的一点点善意。

我乐于培养更多的"百万经纪人"，却不再狂热追求金钱。

这个行业成就了我。当你听完我的故事，也许你也会像我一样，爱上这个行业。

"我既然来了，死也要死在广州"

我家在农村，条件差，不过我成绩一直很好。大一那年，家里发生了很多事情：父亲患癌，哥哥当兵。当时我拿了奖学金，其实可以续读一年，但是我觉得太艰苦，就辍学了。

回家之后，帮我妈做小生意，做了一年之后，我开了一个小卖部。小卖部后面有间牌桌室，有人打牌，我提供茶水服务，也做了一年。

开小卖部的时候每个月能赚四五千，但是也没存下多少钱。因为作为老板，如果别人打牌三缺一，我就会陪玩，外边来了人买水买烟，又得跑去拿东西，容易分心，有人顶位又得让位，经常输钱。

那是我最落魄的时候，不谈男朋友，对金钱充满欲望。刚好我姐姐打来电话，她的朋友科哥在广州一家叫满堂红的房产中介公司当区经理，说这个行业很能赚钱，他已经买了房，买了车，如果我过去，可以带着我一起赚钱。

我一听就动心了，决定去广州。

2011 年的 3 月 7 日，我到了广州，身上的全部家当就3700 块，租了个小房间就没什么钱了。

这是我有生以来第一次到大城市，来了之后就听人说房产中介是骗子。

我和两个老乡去科哥管理的一家门店面试。店长姓荆，给了我当头一棒，说我的形象差点儿，"做这一行应该不行的"。确实，当时我的衣服和发型都挺土的。

店长对我说："隔壁一条街是专门卖童装的，你会一点儿英文，可以尝试卖童装。"

我很失落，因为我是带着梦想来的。那天晚上，我整夜睡不着，一直在想该怎么办。

第二天，我去童装街走了一圈，了解了一下工资和提成，还是想卖房，因为房子标的大，能赚钱。

两个老乡的面试都过了，其中有一个是我的同学，他对我比较知根知底，跟店长说："您可以不录取我，也应该录取凌林。她以前读书的时候一直是干部，挺聪明的，在家做事也很能吃苦。您让她去卖衣服，真的是大材小用。"

店长听后给我打来电话："如果让你进来，你有什么样的规划，你会在这里从业多久？"

我抑制住激动，告诉他："我既然来了，死也要死在广州，就没有打算回去。"

店长说："那行，我给你一个机会。明天来办入职吧。"

当天晚上，我又失眠了，身上憋着一股劲儿，要证明自己。

"不走就走人"

入职培训三天后下店，荆店长要我先用一周时间跑盘，广州话叫"行西"。也就是熟悉周边小区，画楼栋图，有哪些楼盘，每个楼盘有多少栋，每栋有多少单元，有多少层，全部要在图上详细标出来。

楼栋图拿回来给店长看，有不对的地方，他会让你重走。其实他知道错在哪儿，但他不告诉你，就要你再去核实一下。还不对，再核实，就这样反复地走。

走了四五天，我的脚上全是血泡。我就当着店长的面把高跟鞋脱下来，指着血泡给他看，希望能在店里待一天。他根本不在意，创可贴都不给一张，让我继续走，"不走就走人"。

我心想店长真没人情味，这样对我很不公平，也觉得这个行业太残酷了，就想放弃。不过，这个念头也就持续了半天，就被我同学拉回来了。当时我和两个老乡坐在外面的石凳上聊天，他们都是男的，我跟他们抱怨了几句，同学给我出主意："店长只是要求女同事在店里穿高跟鞋，你出来走的时候可以穿平跟鞋，回店的时候再换高跟鞋嘛。"我一想，对啊！他鼓励我："你好不容易进来，坚持一下吧。"我想起自己"死也要死在广州"的话，点点头。

这以后，我就多带一双平跟鞋，坚持跑完七天盘。

跑完盘，我又面临一个尴尬：门店还有另一个店长，可能因为我姐跟区经理的关系，两个店长都没把我分进他们自己的组里，对我基本上就是放养。我每天坐在一个角落里，没人教我。晚上，两个组各一个会议室开会，我一个人坐在前台，心里蛮失落的。直到半年后的一天晚上，荆店长忽然在会议室门口叫我："凌林，你要不要进来一起开会？"当时我特别开心，终于找到组织了。

被组织接纳之前，我每天重复做三件事：做网，北方叫发端口，也就是在网上发房源信息；帮同事送钥匙；打陌生电话，也就是复盘。

打陌生电话的时候被形形色色的人骂过。有人威胁："你再打我电话，我报警了。"有人恐吓："你哪家公司的啊，当心被开除。"有人阴阳怪气："我家房子卖了，住你家呀。"心里还是挺恐惧的，但是一想到自己的梦想，也就坚持了下来。

我资源少，从不轻易休息，每天晚上 11 点多才下班，因为我们的店挨着童装城和鞋城，离火车站也不远，有很多外国人来租房子，他们经常很晚才到店，有时候晚上 11 点还带看呢。

带外国客户，公司会配翻译。我当时的英语水平有限，不能和客户顺畅交流，就尽量跟所有的翻译都搞好关系，遇到困难就打电话请教他们，而且换着来，今天麻烦这个，明天就麻烦那个。我把工作中需要用到的单词全记下来，有空就念一念，念多了就慢慢熟悉了，也就不再依赖翻译了。

被领导骂，被跳单，也被人帮

入职三个月内不开单是会被炒的。我虽然很努力，但没有什么资源，考核期快满的时候还没开单，就特别着急。

一天晚上八点多，我们的区经理，也就是我姐姐的朋友科哥突然到店开会，但是我当时没在场，我带客户去看一个散盘里一套租金1100块的房子了。因为我对散盘的地理位置不熟，就叫同学陪我带看。

我们一回店就被叫去开会。区经理听我说了情况，一下就发飙了："难怪你不开单，你在浪费资源，你在浪费能力，如果我花钱请你们两个就为了开张1100块的单，我请你们干吗?!"

我觉得挺委屈，只能低着头。之前有一天中午，同事集体订餐的时候，区经理也在，我随口问了他一句："科哥，你吃饭吗?"没想到他马上就变了脸，凶巴巴地说："不要叫我'科哥'，请叫我'经理'!"从那以后，在任何场合，我都叫他"经理"。

在会上被他当着三十多号人的面骂了以后，我指了指身旁的同学说："经理，这是我的第一单，因为晚了，那个散盘又黑，我就找了这位同事陪着我去……"我的话被他打断了："你不用解释，你可以选择做或者不做。"

我不好再说什么了。

悲催的是，那个1100块的单还被客户跳了——带看完了，客户说他想在楼下看一下环境，我们就先走了。那套房子我们没有钥匙，他就私自去找业主签约，签了之后也没告诉我。过了两三天，业主叫我们不要再推他的房子了，我就觉得奇怪，又跑去看，结果看到那个客户正搬进来，我才知道，自己那么看重的第一单，被人家跳单了。

开不了单就要走人，怎么办呢？幸好另外一个男同事看到我平时很努力，找到我说："我明天有个单可能要签，要不你跟我一起带看，我这一单就挂在你的名下。"第二天，我陪他带客户复看、谈价，学他的讲话技巧。单子签成了，我也成功留了下来。

我觉得自己还蛮幸运的，关键时刻总有人帮：面试没过，同学帮我；要被淘汰了，又有同事帮我。

所以后来我带店，一直以合作共赢的原则去要求自己的团队。我把自己被人帮助的经历告诉经纪人，希望他们要有同理心，要懂得在这个行业互帮互助特别重要。

"租后"的日常

我真正的第一单是在入职第四个月开的。那是个黑人客户，我跟着翻译，手心全是汗，总拿着一块手帕，一边看房一边擦汗。他看中的那套三房，有一个房间没有窗户，这个人也不是很富有，我就去找业主帮他争取价格：有个房间没有窗，只能当两房租。最后谈好的房租比正规三房低一点儿，比两房高一点儿。

黑人客户在那儿住了三年，我就帮他打理了三年：定期找他收房租，再转给业主；帮他交水电气费、物管费，交款成功之后截图给他看。

那时候，市场不规范，很多租赁单子都是这么做的。代收房租这些事本来不该由中介做，但是很多业主不会说英语，说要么不租外国人，要么就由你来代收租金、代交水电气费和物管费。

我在手机日历上设置了闹钟，经我手租出去的每套房子到了快交房租的时候，手机就会提醒，我再提前三天提醒租客。物管费有个专门的存折，但是老外又不会往里存钱，也得我代劳。至于水电气费，我专门准备了一个笔记本，记着每套房子的水电气编号，方便我用支付宝交费。

有时候遇到租客欠租，我会尽量化解矛盾，去跟业主商量："您看他维护得那么干净，您再给一点点时间，我负责把房租追回来。"水电气费不能欠，不然会被停掉，我经常先垫付，再找租客要。

当时我专做租赁。因为做买卖的话，签了单要等几个月房子过户后才能出提成，我等不了，怕生活不下去。专注也有好处，开过第一单后我就逐渐上手了，每个月成交的租赁有三四宗，入职一年后有 12 到 15 宗，其中七八宗是外国租客。区经理对我刮目相看，给我取了个外号，叫"租后"。

我做租赁很用心。我有一个厚厚的盘本，相当于一个资料库，包括每套房子的面积、格局、租金、出租日期、租期、租房中介，还有业主电话，我都记录下来。套这些信息是有技巧的，比如我打电话给一套房子的业主，说要带客户看房，对方说房子已经租出去了，我就会在系统上备注一下，减少对他的打扰，然后问是哪家中介帮忙租的、租金多少、租期多长。等租期快满的时候，我就可以再打电话给他，问他继续租还是出售。

这个盘本的用处很大，除了方便日常工作，定期翻一翻，就能够提前翻出一些在租盘或者买卖盘。后来我不做租赁了，就把这个本传给了新人。现在，我的徒弟的徒弟还在用这个本。虽然用电脑记更方便，但是这种纯手写的纸质本还是有它的参考价值。现在我要求手下的经纪人都要这样写,因为只有自己手写过才能记在心里。

做了两年租赁,因为把他们的房子打理得好,我得到了很多业主的信任。他们以后卖房子的时候,会第一时间找我。即使在撞客的情况下,别人看不了的房子我也能看,因为大多数是我的租客。这给我转型做买卖打了一个很好的基础。

做租赁也让我看到了赚钱的希望。租赁的提成是 40%,加上 2500 块的底薪,入职接近一年的时候月收入已经过万了。我很兴奋地给父母打电话,还寄钱回去。我终于有能力帮助家里了。

"旁听生"的成长

要赚更多的钱,还得做买卖。入职两年后,我有了一些存款,就申请去做买卖。

刚开始做买卖的时候挺受阻的:我的师傅就是荆店长,他很聪明,谈单也很有技巧,他手上的单基本都能成。不过,他是一个控制欲很强的人,业务不会全部教给我,总是留一手。一到谈单,他是不让我待在谈判室里的。我要进去,他就不帮我谈了。签约的时候也不让我进去,我只负责复印、倒水。

当时,由于店长不让我跟单,我丢了很多资源。我感觉自己只是接待、带看客户的工具。店长明确跟我说，所有的单子他都要拆成才愿意帮我，他的拆成，由我拿到提成后结现金给他。

店长的赚钱欲望也很强，因为他特别爱玩，消费挺多的。

对于店长每单拆太多成的要求，我当然不乐意，他本来就有店面业绩提成，还要雁过拔毛，这太不合理了，简直是霸王条款。不过，他有的是办法让我们乖乖听话：经纪人每个月的工资单都必须经过店长核实，谁不服他，他就拖着不确认谁的工资单。问他，他说太忙，忘记确认了。下一个月出工资的时候，他又"忘记"确认。明知道他是故意的，也没办法。当时，店里的其他同事也被他拆成，都不敢吭声，只能默认。

我做的第一个买卖单，业绩被拆得我很委屈。

我接了一个上门客户，他要买的房子距离上次交易过两年不过五年，要交增值税。当时我还是菜鸟，税费不会算，谈判不会谈，店长来帮忙，区经理也来帮忙。签单的时候，两个领导确定了拆成方案：店长拿四成，区经理拿三成，我拿三成，但售后谁都不愿意跑。那时候正是大热天，我在银行、房管局、公司总部三个地方来回跑，又舍不得打车，两天下来就中暑了，实在顶不住，去医院打了针，上班以来第一次在家休息，歇了两天半。回店后，有想法也不敢说。

做买卖第二年，我实在憋不住了，跟店长说："我的家庭负担很大，我爸要住院，指望我拿钱回去呢。去年，我跟您学了前半部分，现在想学学后半部分。"然后就经常请他吃饭，说好话求他。他慢慢就松口了。我买了一副带线耳机送给他，提出一个请求：他打业务电话的时候，在耳朵边上放一根耳机线，我用另一根耳机线只旁听不出声，学他怎样和业主客户谈价。

一旁听，我听出了很多门道。

比如，一套过五唯一的房子，他不告诉客户真实情况，反而说房子是过五非唯一，要交一个点的个税。不过，业主愿意配合，把另一套房子过户到他妈妈名下，这样房子就变唯一了，可以帮客户省四万的个税。"人家帮你省了四万，那你在楼价上加两万吧。"客户肯定同意。他就用这一招把买卖双方拉进去签约。

当然，我不会这样去谈，我会实话实说。我跟他学了一些沟通话术和谈判策略，但我更相信那句话：世上没有不透风的墙，诚实更容易被接受。

当时，一个业主把房子挂出来卖，五年前他买这套房子的时候，店长用"过五非唯一"的招数害得他多出了几万块。现在，业主用同样的方式赚了客户的钱：签约的时候我反复问他房子是不是过五唯一，他说不是，他还有另外的房子，我打合同时就打了个"过五非唯一"。结果到了交税那一天，他改口对客户说他已经办好了过五唯一，"你如果愿意的话，我现在回家拿资料过来，你把多出来的税费给我就行了；你如果不愿意也没关系，那你就把这笔税交给国家"。客户觉得，横竖都要给，为了后面收楼顺利，同意让业主回家拿资料。经纪人很生气，劝客户别这么傻，让他直接把税费给国家，不让业主赚。但客户最终还是选择妥协，我们也没办法。在那儿硬等了两个小时，业主拿着资料回来了，客户按过五唯一交的税，业主拿到了凭空多出来的"非唯一"那笔税费。五年前他在店长那儿受的气，现在出在了其他人身上。这就是恶因结恶果呀。所以，旁听店长打电话的时候我就在想，有些招数是不能用的。

旁听了一段时间以后，我确实学到了一些东西，慢慢地，我开始自己去谈单，谈死了就死了，谈好了才告诉店长这个单子要签约了，就不让他参与。我跟他说："能不能以后只要我自己谈的单，我拆三成给您；如果是您帮我谈的，我拆五成给您；如果什么都不是我做的，还是按之前那样给您。"他同意了，可能也是觉得上一年我对他表现得比较忠诚吧。

当时确实谈死了一些单，但也是自己独当一面的开始。我每谈一个单，都会在笔记本上记录客户是什么情况，业主是什么情况，为什么谈成了或者为什么死单，这样下次我就不会在同一个地方跌倒。

那是我成长最快的一年。那时候满堂红已经被链家收购了，我的年度业绩过百万，排到了广州链家公司的前茅。做买卖的第三年，我的业绩提升到公司前三。

实事求是地说，不当"旁听生"，我不会有这么大的进步。虽然对店长有不满，但我内心对他还是有一份感激之情的，他也算是我的引路人吧。

店长的所作所为也给我提了个醒：不属于自己的钱，就不要想着去赚。

店长帮客户周女士处理银行流水的问题，骗她说银行要收6万块的保证金，钱到手之后，就揣进他的私人腰包了。周女士知道实情后要去报警，店长才把钱退给了她。周女士信任我，跟我说："你这个店长肯定做不长久，你要注意一点儿，不要跟他走得太近。"

店长的结局，被周女士说中了。因为资金缺口越来越大，他做事越来越过头，在公司被链家收购后他离职开店，结果生意失败。

这个行业里，很多人就是为了赚快钱，把自己的前程断送了，有一定原则和定力的人才能够坚持下来。

后来我当店长，给经纪人讲我一路的经历，讲我的切身之痛。我不能让别人走我的旧路，受我受过的苦。

我被炒家用文字游戏玩了一把

从业十年，有很多印象深刻的案例，先说一个自己被人带到坑里的吧。

2017 年 3 月 30 日，广州出了政策，房子交易满两年之后才可以再挂出来卖。耿先生的房子过户接近两年的时候放到我们链家。当时上市的房子比较多，耿先生那个小区挂牌的就有182 套。正好链家推出"好赞好房"活动，耿先生自愿加入，给我们五千块，让我们把他的房子在公司的房源网页上置顶了7 天。这期间，客户肖先生看中了这套房子，反复问我们房子原来的户口有没有迁出，学位有没有占用。之前，他很冲动地在一个新房项目交了意向金，但很快就后悔了，因为他的小孩第二年要上小学，那个新房项目暂时没有学位。他又看回二手房，最关心的就是学位。我们问了耿先生，得到的答复是：学位不是问题。我们就把双方约出来面谈。

约定的时间到了，耿先生却说家里聚餐，要晚一点儿到。趁这段时间，我带肖先生走了一趟商圈，讲解了一下配套，因为他是同事接的客户，我们作为房源维护端，必须要做到这一点。

等了接近一个小时，耿先生才来，带着酒气，还带了四个人。我一下子感觉不太对——谈个单，来这么多人干吗？

那四个人当中，一个有点儿年纪的，看上去很老实，耿先生介绍说当初房子是这人出钱买的——不过，房产证上的户主名字不是他。还有一对夫妻，说是老实人的哥哥和嫂子；再加上一个司机。

进入谈判室的是老实人和他嫂子。这个女人说，她可以帮老实人做主："我这兄弟不容易，本来想着把这房子买过来结婚，结果女朋友走了，我这做嫂子的就想着把房子卖了，留着不开心。"

耿先生和其他几个人在谈判室外面喝茶。谈判持续了四个小时，耿先生表现得很着急，"家里还有小孩呢，我们得赶着回去"，一直在催促。但是肖先生因为之前买新房的时候太随意，这次买二手就比较慎重，在意的问题，第一是学位，第二是户口，第三是价格。

价格是谈妥了，"带学位"备注在购房合同里，户口问题，我在合同里备注的是"卖方保证该物业无户口在内"。这时候，老实人和他嫂子说，这个问题他们需要商量一下，请我出去等一会儿。

过了十来分钟，他们叫我进去，说关于户口的表述，只稍微调整一下字的顺序，写成"卖方保证无户口在该物业内"。确实，和我写的相比，只是字的顺序换了一下，没有增删任何一个字眼。

我刚要琢磨琢磨，耿先生在外面耍起了酒疯，老实人和他嫂子催"搞快一点儿"，肖先生只是重复一句："你们叫我签名我就签名，但是你们要把控好，我只相信你们链家。"

我没时间多想，就让买卖双方把合同签了。定金本来按规定要给 10 万，但肖先生说他的钱放在理财，一时没那么多，就先给 5 万，剩下的 5 万批贷之后再补交。

网签当天，我们按惯例提前半小时到，同事去荔湾区户籍中心查房子里的户口。一查，大吃一惊：上一手业主的户口还挂在房子里面。

耿先生表现得很淡定："反正我是没有错。你自己去看合同，上面写的是'卖方保证无户口在该物业内'，你看到有我的户口在里面吗？"

我们和肖先生都蒙了。做了这么多年，第一次遇到这种情况。我很快明白过来，签约那天耿先生他们调换合同上关于户口的字眼顺序，是浑水摸鱼地玩了个文字游戏。中国文字太玄妙了，同样的字，一变顺序，意思就完全不一样了。我刚开始写的"卖方保证该物业无户口在内"，杜绝了房子里有任何户口；而"卖方保证无户口在该物业内"，保证的只是卖方自己，不涉及上一手业主。本来，如果是一手业主的话，写后面这句话也没毛病，但是当时我忽略了还有上一手业主的户口在的可能，被耿先生他们抓住漏洞，吃了个哑巴亏。

耿先生还很傲气："合同到底还要不要继续履行啊？如果客户不履行合同，我要求客户赔偿。我弟弟卖了房还要买房的，要是被你们耽误了，我找你们算账！"

肖先生很生气，不愿再网签，要求退回5万定金。"我反正只相信你们链家，这不是我违约，是业主违约。他如果不退定金，你们要赔给我。合同里也有写，业主拒绝退还的，由你们赔。"

我们很着急，联系了公司法务部。法务部让我们尽快解决，说如果客户投诉，属于有理投诉，投诉成立的话，处罚很严重。

客户压力、业主压力、公司压力，像三座大山一样压在我身上。

为了解决问题，我作为维护人店长，就和维护人、成交人以及成交人店长协商，肖先生的5万定金由我们四个人分担赔偿。在我们这一行，从业比较久的人一般都能做到有理让三分，很多时候，遇到纠纷，宁愿自己承担经济上的损失，也不想客户有损失。

我们把买卖双方约到店里，说明我们的赔偿方案。双方同意解约。解约后10个工作日之内，公司会把佣金退还双方，其中买方1.7％，卖方1％。退还合同原件时，耿先生要求我们在每一页都写上"自愿作废"四个字，才还给我们。

签署解除合同后，我送耿先生出去，他脸上带着得意的笑："你们都是傻子吗，我想不通你们为什么要赔钱呢？"

我没接话。他接着说："你知道吗？这种户口官司，我都不知道打了多少个，打一个准一个，就从来没输过。"

"您真厉害。"我随口敷衍了一句。

"这都没有什么，"他笑得更灿烂了，"既然你们那么有钱赔给我，我肯定要收。"

真是得了便宜还卖乖。

我们四个人当面凑钱把 5 万块转给了肖先生。他很感动，说还找我们买房。后面又带他看了两次，终于顺利成交了一套房子。

故事到这儿，还没完。

解约之后，耿先生那套房子在系统里再次放送出来，我们立刻在房源备注上面注明："有上一手业主的户口无法迁出。"

我们还走访户籍中心，了解到区里的相关政策：房子里有上一手业主户口无法迁出的情况，不影响其他户口的迁入。

后来，有个客户看上了那套房子，因为户口迁入和学位不受影响，他愿意接受上一手业主的户口不迁出，成交了。这一次，因为已经被耿先生坑过一次，我们学聪明了。去查册的时候，本来正常情况下只是查房屋状态，我们那天拿耿先生的身份证原件去查了他名下的房产，发现他居然有多套房子，全是二手房，集中在市区中心，其中有不少学位房。

我恍然大悟，原来耿先生是个职业炒家，当初签约时跟肖先生来的那伙人是炒房团。难怪他们配合默契，难怪耿先生说他打官司都打习惯了。我们输给了炒家。

耿先生和新客户签约那天，趁他高兴，我问："为什么您名下可以有那么多套房子，不是有限购政策，最多买两套吗?"

他神秘地笑笑："这个就不能告诉你了，告诉你的话，我的饭碗就丢了。"

后面我去问了其他炒家，知道了他们用的是假离婚这一招。一对夫妻买了房之后，办离婚，析产给一个人，另一个人还有名额买房，再买一套，复婚，再把这套新买的房子过户给对方，再离婚，再买房。对炒家来说，离婚后再买房时首付提高不是太大的问题，只要有钱，什么方法都有。

从业这么多年，这是我第一次踩坑，其实心里挺火的，但是也只能吃一堑长一智了。这伙人有自己的律师团队，跟他们打官司还打不过。他们甚至还把一个户口官司胜诉的判决书发到我们群里：一个链家的同事也踩了他们的坑，也赔了钱。

我不希望再有同行重蹈覆辙，就不断把这个案例作为前车之鉴讲给别人听，提醒他们面对炒家要特别小心。市场太复杂，人心太险恶。

一个家庭的房产证名字之争

在房子面前，别说外人了，有时候连一家人之间还明争暗斗呢。

钟阿叔和老伴都八十多岁了，有两个女儿一个儿子。儿子没什么钱，夫妻分居；一个女儿比较拮据，只有一套房；另一个比较富裕。

阿叔卖了天河的一套房子，拿到600万，来找我们买两套小房子。老人家在那边卖房时进了一家小中介，觉得他们热情，就签了独家协议。那份协议是不对等的，如果是600万成交的，阿叔需要付中介6万块钱的佣金；如果卖价高于600万的话，多出来的钱要归中介。老人家也不懂，糊里糊涂就签了。

了解到我们的佣金政策之后，阿叔才意识到小中介不地道，很生气，连带觉得所有中介都不好，连续两天没跟我联系，后面自己才想明白。

老两口每次来看房都是坐公交车过来，需要转两趟车；每次走的时候，我们都是打车送他们回去。

阿叔看好两套房之后，他的儿子、女儿、孙子就相继出现了。比较拮据的女儿经常在私底下抱怨她老爸偏心。有一次她送走老爸后，折回来问我一些很敏感的问题，主要是老人家不在世之后房产的继承情况。另一个女儿是放弃的，房产证上写谁的名字都无所谓，她反正有钱嘛。儿子生了两个孙子。大孙子说话冰冷无情，又很极端，经常骂爷爷奶奶；小孙子对老人家比较好，懂得关照爷爷奶奶。

后面阿叔定了两套两百多万的房子，其中一套的房产证上写了小孙子的名字，另外一套就落在了儿子和大孙子的名下。其实在整个过程中，我们一直在应对一家人各自的游说，除了那个有钱的女儿，都想把房子落到自己名下。特别是拮据的女儿，坚持要把名字加进去。后来终于把阿叔惹火了，当着我们的面骂她："我和你妈对不起你吗？我们两个老人就一套房子，卖掉了，没地方住了，现在买了这两套小房子，等我们过世后给儿子和孙子，不对吗？你什么都有，还在这里争，你有良心吗？"

拮据的女儿不敢当着她老爸的面说，就来找我们帮她争取。这种事，我们当然不方便管。老人家也在我们面前诉苦，说他的孩子都不孝顺。"我这个家庭啊，唉，不争气。"

我告诉阿叔，他的两个孙子都没有结婚，成家后如果要置换，卖给按揭客户时需要配偶签同意出售书。老人家说，这些他都知道，但是现在"看着他们好，心里才放心"。

房子过户的时候还出了个插曲：过户需要阿叔儿子分居的

老婆的身份证，但她死活不愿配合，实在没办法，小孙子回家把她妈妈的证件偷出来，才完成了过户。

过了三年，拮据的女儿找阿叔要钱，说她儿子要结婚，女方要她把名下的房子过户给她儿子才肯嫁过来。她那套房子是小两房，儿媳之后还要生小孩，她就没地方住了。她想把小两房卖掉，换一套大一点儿的房子，但没有那么多钱，就来找老爸要。阿叔因为之前买房子没写她名字，觉得亏欠，就给了她65万。

钟阿叔一家围绕房子产生这么多纠葛，让我挺感慨的。现在两个老人将近九十岁了，平时我会去看看他们，过年的时候还送去了一副春联。我真心希望这个家庭以及更多的家庭，能像春联上写的那样，"家和万事兴"。

假离婚变真离婚

做生意的商先生看上了同一小区的两套房，马上做了两件事：先把名下的房产低于市场价迅速卖掉，再和老婆假离婚。然后，两口子通过我们买下了那两套房，一人一套。

两套房的价格都低于市场价。其中一套的业主是个生意人，经常应酬，一天晚上喝醉了，发生意外，人没了，这当然会影响房子的价格。另外一套的业主是在这边做生意的浙江人，和老婆长期分居两地，有了新欢。老婆知道后，要他选择，他选了年轻的，带上新欢去另一个小区租房子住了，这套房子急于出手，也卖得便宜。

过了一年多，商先生的母亲得了重病，需要用钱，就把两套房中的一套挂出来卖。很快，我们带的客户看上了，签了合同。

因为那套房子之前是按揭买的，卖出需要解抵押。商先生向银行申请提前还款，这就产生了一笔费用。本来合同里白纸黑字写了这笔费用由卖方负责，签约时我也给商先生讲解了，但是他不认，一口咬定我没讲，还说如果我们不帮他交这笔费用，他就不配合过户，态度强硬。

客户很着急，他的孩子要用这套房子的学位报名读书，眼看报名时间要到了，耽误不起。房子提前还款赎期的钱，他帮商先生给了一部分。剩下的两万多，我看在客户信任的份上，和经纪人帮商先生出了。

其实这两万多比我这单的提成还高，我还是有些委屈的——之前帮商先生买的那两套房子，佣金给他争取了最低折扣；一年的时间，房价每套涨了一百多万。

我们出了钱之后，房子总算过户了。不过，商先生的母亲没有救过来，还是走了。

过了一段时间，商先生跟老婆分居，假离婚变成真离婚。

看到这些事，还能说什么呢？人啊，还是踏实生活，少钻空子吧。

现在我追求的是成就他人

从业十年，我由衷地感激这个行业帮我实现了赚钱的欲望，更提升了我做人的境界。

刚入行时父亲重病，我只能跟身边的人借钱，而且没那么顺利，那真是一段痛苦的记忆，但也激发了我的赚钱动力。

之后有点儿能力了，家里大大小小的事情我都尽心尽力：父亲病了几年才走，所有的住院费都是我给的；后面妈妈又生病了，所有费用也是我支付的；哥哥退伍进入社会、结婚生小孩、小孩生病住院，我都有照顾。能帮助家人，这也是一种幸福吧。

后面有了积蓄，我也在广州买了自己的房，一套三居室。

现在，我的收入基本稳定，没有那种过分追求金钱的欲望了；我追求的是职业价值感——帮助客户买到喜欢的房子，帮助业主尽快售出，解决问题，并在这个过程中收获友谊、信任和尊重。除此之外，还有一种更高层面的追求，那就是成就身边的伙伴。

在我入行的时候，有很多人热情帮助我，我现在也用同样的热情去帮助身边的经纪人。每年，我花在经纪人身上的钱会占据收入的一部分：帮新入职的伙伴交房租；有的小伙子没赚到钱，过年回家时我给他塞个大大的红包；有的女孩子爱美，我就送她们化妆品。在工作中，我分享自己的从业经验，带年轻人成长；有时候也会化身贴心姐姐，做情感疏导。他们的快乐就是我的快乐。

我们店包括我才 22 个人，有 5 个"百万经纪人"。带好团队，成就他人，我很享受这个过程。我会一直在这行做下去，除非这个行业不要我了。

从为了赚钱进入这个行业，到喜欢上这个行业，再到爱上这个行业，一路走来，不容易，也幸运。幸运的是有人帮助，自己没放弃，而且没有被金钱冲昏了头脑，知道什么钱不该去赚。

（部分人物为化名）

采访手记

采访快结束时，凌林问："也不知道我讲的这些是不是您想要的？"语气就像在问一个购房者的真实需求。

我说："正是，正是。打扰您这么久，感谢。"

"没事，正好复盘一下自己这些年走过的路，还有人听。"

她给我的感觉，有邻家妹妹的平和亲切，也有职业女性的执着认真。千帆过尽，一脉心香。

讲起对家人的付出，她只有欣慰。

讲起婚姻的不顺，她没有哀怨。

她的激情，似乎都用在了工作中。

2021年10月3日晚上9点，她在朋友圈发了一个珠江夜景的短视频，配了一段文字："下完定金，签完合同，陪客户走来江边，他说八十几万的房有这样的环境值得了。本人还在现场，有需要过来看房的，专车接送。"

我专守一个楼盘，专讲中介套路

口述人：邢守东，男，生于 1987 年，河北张家口人，2009 年入行，现工作地北京。

采访时间：2021 年 1 月 12 日。

我真是喜欢这个行业。这个行业不光成就了我们经纪人，也成就了很多客户业主，他们因为我们的牵线搭桥，有的处了对象、结婚生子，有的成为事业上的合作伙伴。房子带来很多缘分，也带来很多关系。

　　除了血缘关系，利益关系是最长久、最牢靠的。在这个行业，不能太功利，不能太极端，但也不能太实诚、太无所谓。你帮他赚钱，他给你回报，这很正常。

　　我是个务实的人。我喜欢一个楼盘，就长年专守，跟很多业主混熟了，记得他们的房号、车牌号、手机号。因为我比所有人都熟悉那个楼盘，我在那儿卖了三十多套房子。

　　我的所有客户业主，不管有没有成交，平时我都会主动跟他们联系，问候一下，或者帮个忙，比如没有购房指标、贷款办不下来、孩子上学托关系……能帮的我都帮。当然，帮忙的前提是我有利可图，有房产方面或者其他业务方面的联系，我也得生活嘛。

我这么务实，是因为这个行业不是净土，是实实在在的烟火人间，有温情，也有钩心斗角，水深得很。

技术没学成，带三十多号人成功维权

我早早进入社会，是被迫的。

初中毕业，我报了天津的一个职业技术学校，学数控。学制有点特殊，先在老家的学校上一年半，再去天津上学。

一起去天津的有三十多号人，都叫我东哥，听我的。

一报到，学校里那帮混混儿就来找我，要我过去拜码头。咱刚到，人生地不熟，也不知道水深水浅，就去了。人家要我加入他们那一伙，跟我说："不跟我们混的话，到时候有人欺负你，就没人管你了。"我说："几位大哥我都认，但我东子来这个学校是想学点儿技术，不是来混的。"结果这帮人不干，天天缠着我。我笑脸相迎，请他们吃饭，但还是说不通。

一上课，新的问题又来了——老师讲的电脑制图什么的，我见也没见过，听也没听过。下课了，我问一起来的老乡会不会，他们也都不会。

我就带他们去找老师："您讲的这些东西，我们从来没接触过。"他很吃惊："你们在老家这一年半的时间应该学这些基础知识的呀。那你们在那边上电脑课学什么？"我说："打游戏呗，也没人管。"

老师感觉到问题的严重性，就给我老家那边的校长打电话，让他解决这个事，说解决不好的话，就让我们回去。

校长给我打电话，说等他来接我们回去。我很生气："你说什么也没用，我不会等你的。你让我们上当受骗了！"

我一想，这学没法上了。前面荒废了一年半，这里的混混儿又让人不安生，还怎么学呀？

晚上回到宿舍，我让几个舍友挨个儿去跟那些老乡打招呼，说东哥请他们出去吃饭。

人聚齐了，门卫不让出校，我说新生来了，带的东西多，我们出去接一下。就这么连蒙带骗带他们出去了。大家在饭店吃饭的时候，我说："你们想继续学的就留下；想回老家找校长的，明早跟我一起走。"

那天晚上我喝多了，第二天早上刚一睁眼，看到所有人的行李都收拾好了，我的行李他们也收拾好了。"东哥，咱们一起撤。"

学校领导不让走，我就撂了狠话："你们应该跟我们老家的校方沟通。他们浪费了我们一年半的青春，我们要回去找他们算账。你们拦，我们也要走！"领导就放我们走了。

回到老家，我跟大家说，咱们分成两拨，一拨去学校，一拨去教育局。大家就分头行动。结果，教育局领导就到了学校，和校长一起在会议室给我们开会。他们有错在先，都不想把事闹大，就说学费全额退，最后也都兑现了。

只有我一个人的学费退了双倍。"都是一个地方的，给我们留条路。"这是校长的原话。

这下没学可上了，我在社会上晃荡了两年。

"我东子就是奔着钱来的"

2009 年，一个在北京干房产中介的发小给我打电话，说他做房屋管家，专门租房子，一个月挣一万多，让我也去。

那时候，我对房产中介的概念仅限于老家县城里卖的房源小报，上面的信息都是假的，还有小黑板上写的"在售房源"，别人带看一次房还得收个十块八块。

到北京后，在发小那儿落了脚。去我爱我家的一个店面试前，发小说："你得配个行头，穿西装，打领带。"咱以前没打过领带，还是发小帮我打的。结果去面试的路上看着快迟到了，走得急，出一身汗，脖子上那玩意儿勒的不得劲儿，我就把衬衫的第一颗扣子解开了，领带结往下拉，看着挺邋遢的。

店长问我以前干过什么，我就实打实说：在老家晃荡了两年。

"你为什么选择这个行业？"

"听说这个行业能挣钱，我东子就是奔着钱来的。"

"你对房地产有过了解吗？"

"没了解，但是我朋友是做这个的，我跟他简单了解了一下。有了房源，我在中间，一边是客户，一边是业主，好比一个男孩一个女孩，我就是让他们处对象的。"

店长没看上我，打发我走了。

我很受打击。回去想了想，觉得自己说的没毛病，但是自己刚从社会上来，很多习气改不了，可能让人感觉不靠谱。

在发小面前，我情绪低落："这个行业要求这么高吗？我是不是不适合呀？"

发小动员我去链家试试。我没底气：链家招人不是要学历吗？他说，学历只是一方面，很多时候人家更看重的是你的阅历。我想了想："我再跟你跑两天。"

我就骑个小电动车，跟发小跑了两天，看他怎么收房、带看。

我以求职者的身份敲开了链家的门。那时候市场正火，家家店都招人。

这次我穿得周正，皮鞋擦得亮。这个店长问的也是那几个问题，但我的回答可就不一样了。有了上次的教训，这次我会说漂亮话了："虽然我以前没接触过这一行，但是我下了一定的功夫，我发小是干这行的，我跟他学了一下，知道我们是一手托两家，本着真诚的态度服务好每一个客户、每一个业主，取得他们的信任，让他们都乐意找我邢守东。"

店长提到我的学历问题，我马上表态："领导，您得给我一次机会，我相信自己能成功，因为我喜欢房产销售，我觉得很有意思。"

"天天打电话、出去跑，你能不能吃这个苦？"

"我是农村来的孩子，这点苦都吃不了就甭来北京了。我来就是想闯闯。"

店长被我打动了，向上面申请破格试用我。当时链家已经开始卡学历了，只是还没现在卡得这么严。我就这么入了这一行。

这么多年了，我还记得店长的姓名——汤永贤，是他给了我改变人生的机会。

偷听出来的师傅

入职以后，首先是跑盘。人家好不容易给咱这机会了，就想好好表现，第一天就把店长安排的周边小区的跑盘任务完成了。除了画楼栋图，碰到人就问物业方面的细节，背得特别清楚。天黑透了，我还在跑，发小打电话来，我就说"忙着呢"；过了一会儿，他又来电话，我还是"忙着呢"。他以为我找不到家了，就来接我。

我们一起坐公交车回去，那会儿都晚上十点多了。下车的时候，我忽然发现自己不能走路了，一走脚就疼。脱袜子一看，脚底全是水泡，都破了。我干脆脱了鞋袜，光脚走回了家。

第二天接着跑。进了一个叫世茂奥临的小区，一眼就喜欢上了：离奥林匹克森林公园近，小区环境好，有人工湖，有沙滩。转了一圈，舍不得走，心想这儿的房子肯定好卖。

跑盘跑了一周，我开始寻摸着给自己找个师傅。店里没给我安排师傅，我就假装看电脑，实则一句不落听着别人怎么跟客户业主沟通。把所有同事听了一遍，最后选定了一个成单率很高的东北小伙，又帅又精神，叫雷刚。他打电话的风格很利落，比如给业主打，他就直接说手里有靠谱客户："我这个客户，也许你们见了面都认识，跟您一样都是当老板的。您安排个时间，我带客户去，你们聊一下。没问题，您这房子，我帮您卖了。"东北人说话的劲儿就在那儿呢，让人不由自主地跟着他的节奏走。

雷刚聊了几句，就边打电话边走到店外面。我跟出去，站边上抽烟。他挂了电话，冲我发火："哥们儿，我一打电话你就偷听，你啥意思?!"

我赔个笑脸："我刚干这行，不懂，就想学点儿技术。店里的人我听了一圈，觉得你打电话是最好的。"

雷刚的脸色缓和了一些："好在哪儿?"

我有啥说啥："给业主打，你给他强烈的信心，只要让你看房就给他卖出去；给客户打，你帮他下决心，这个房子晚到一分钟就没有了。"

那时候的市场涨得太猛了，一天一个价，有的房子半个月就涨了 100 万。有的客户一犹豫，其他经纪人打个电话，同样一套房子，加五万十万就卖出去了。我都震惊了，心想咱跟不上这节奏呀。雷刚那会儿说这些，真好使。

我见他笑了笑，就趁热打铁："我拜你为师，行不?"

"我不带徒弟。你别听我电话了啊。"

"雷哥，你看我都来了快一个月了，每天除了打陌生电话就是出去发宣传单，也没啥效果，你就帮帮我吧。"

"你真想学啊?"

"真想学。"

"那你以后得喊我师傅，是吧?"

"师傅!"我干脆地喊了一声，也不管这个师傅比我还小一岁。

一看我这孩子肯学也听话，师傅真教我了。他让我每天早上到店后先将新上房源，把房子弄明白了就给业主打电话，没有房源照片的拍照片，没有钥匙的收钥匙，并且明确给业主传递一个信息：我有客户，看一眼房子就能定。我有些疑惑："我没客户呀。"他一副恨铁不成钢的样子："你没客户，全公司这么多人都没客户吗？让你咋说就咋说！"

其实说白了，就是虚虚实实，但也是一种卖房子的技巧，因为在那个市场的抢房状态下，只要跟业主见面建立关系、拿到钥匙，就占优势了，得房源者得天下。

师傅一再叮嘱我："你去见业主，不管有没有客户，先把钥匙拿走。最后这套房子就算不是你卖的，你收了钥匙就能分到业绩。我得先让你活下来。"

拿到钥匙回来，师傅让我给公盘客户打电话，推这套房子。我问："如果客户问别的房子呢？"他说："你告诉他别的房子全卖了，就这套好，业主着急卖。其他几套房子你没有钥匙，没有主动权。"

这些技巧，我后来才慢慢吃透。那会儿我还嫩着呢，只知道不惜力，多跑，多聊，实打实地说。我的第一个租赁单就是打公盘客户电话打出来的：一套因为看房不方便没人推的房子，我推给一个东北大姐，成了。她用对小弟弟的口气跟我说："一看你就没干多长时间。"我问："宋姐，你咋看出来的？"她笑了："你太实在了。我提什么问题你从不反驳，立马帮我落实，之前带我看房的小伙子不像你这样。"原来，我身上的社会习气已经基本被自己屏蔽掉了。

我跟这个宋姐保持联系到现在，她只要有涉及房子的事就开车来接我，没什么事也在一起吃饭聊天。有一次聊天，她侄子也在，她对那小伙子说："你看小邢，人家多努力。除了房地产，不管什么行业，他都了解。"

"摆牌小王子"

靠宋姐那单租赁活下来之后，我就对租赁没兴趣了，一心要卖房子。手头的资源不够，怎么办？我去了世茂奥临小区摆牌，这一摆就是好几年，风雨无阻。

每天到店开完晨会，我就拿着房源牌子去了，在小区里的一个路口，一直摆到天黑，连午饭和晚饭都站那儿吃。有人咨询，就敞开聊；没人咨询，就观察路过的业主，把一张张脸记在脑子里。

有人搬个东西，或者老头老太太提个菜什么的，我就帮着送到家。说白了就是混个脸熟，没准哪天人家要买卖房子，想起这个小伙很热心，来找我呢。

时间一长，不光我认识了几乎所有的业主，他们也都认识我了，还有人给我带吃的喝的呢。这还不算，后来熟到很多业主住哪栋楼哪套房、开什么车、车牌号是多少、手机号是多少，我都知道。

有一次，我看到一辆车从地库里出来，后备厢没关好，我马上掏出手机给车主打过去提醒他。他都惊了："真的假的？你怎么知道？"

你可能会问我怎么会有业主的电话号码，这还不简单，物业那儿有业主资料，花钱买呗。

为了跟小区的保安搞好关系，我定期请他们吃饭、唱歌。保安队队长成了我的铁哥们。那段时间正是世茂奥临最火的时候，有好多山西和内蒙古的煤老板来买房，他们一来就是一群，炒房团嘛。别的中介带去看房，保安就在小区门口卡住，不让他们进，再给我打电话："东子赶紧过来，炒房团来了！"我骑上电动车跑去一看，带看的经纪人我认识，他还摸不清情况呢，问我："东子，进不去怎么办啊？"我说："你要相信哥，我帮你带。"他当然同意了。

我就领着一帮人进了小区。结果，带看的时候那个同行和他的经理防着我，怕我抢单。我心想，带他们进来了，他们要跟业主谈好，把咱撇开，啥也落不着，这咋整？

那我也不放弃。我心想他们看完房子就中午了，得吃饭吧，我盯着他们的车就行了。我猜得不错，后来他们还真开车去附近一家餐厅吃饭了。我骑着电动车跟上去，等同行一走，就给几个客户递名片。后来他们当中真有人在我手上成交了。

守盘有很多方式，除了摆牌，我在网上发帖的时候也花了心思。当时我在新浪房产的世茂奥临社区论坛上发了两篇帖子，一篇是《致客户的一封信》，另一篇是《致业主的一封信》，分别站在客户和业主的立场上，提醒他们买房、卖房的时候注意哪些陷阱。比如，有的房子在网上看着不错，报的价格特别低，很可能价格和房源照片都是假的；经纪人给业主出高价，约客户看房却没人来，这都是套路。"你们要找就找一个实实在在的经纪人，像我这样的，不骗人，资源多，深耕一个小区，人称'摆牌小王子'。"顺便把自己推销一下。

我觉得这样的沟通更接地气，既能帮助别人，也能让大家对我多一些信任，相信我发的房源信息是真实的。

我从小就有点儿不按常理出牌，不愿发那种千篇一律的房源帖子，我就逆着来，讲中介的套路。当然，这么做有利也有弊，有的人认为这些套路你能写出来，证明你也用过，不然你怎么知道呢？但是大部分人还是觉得这个人更可信。

从此，我"摆牌小王子"的名号叫得更响了。

摆牌，练的就是人情世故

摆牌两个月后，我签了第一个买卖单。

一个周末，我正摆牌，看到业主张先生领着一个人过来，往小区门口走。我随口打招呼："张哥，出去呀？"

"嗯，带朋友去公园转一圈。"

"您朋友也是业主吗？"

"他不是，他今天来我这儿玩，我们聊点儿事。"

我嘴长，来了一句："你们要是老见面，不在一起住也不方便啊。"

张先生笑笑："是啊。先不说了，回头再跟你聊。"

他们转了一圈回来，我又打招呼。

傍晚，我还在摆牌，张先生的朋友从地库开车出来，看到我，把车停在路边，过来搭话："那会儿我朋友在，不方便问，我还真想买这个小区的房子。"

我问他买多大面积的，他说张先生那个户型就行。我马上接话："三居，180 多平方米，这个户型的在售房源不多呀。还有一种户型一模一样的，面积小点儿，170 多，您可以考虑。"

他真就买了，和张先生邻楼。

单子签成后，给我激动的。也庆幸，多打个招呼，多说一句话，就不一样了。

你可别小看摆牌，练的就是眼力见儿，练的就是人情世故。

摆牌时认识了一个六七十岁的业主陈阿姨，她一个人住着大三居，女儿在日本，要把这套房子卖了。一开始她女儿委托了好几家中介公司，那些经纪人一个个去敲门，老太太都不敢开，给我打电话："又有人来了，怎么办呀？"我说："没事，阿姨，您听听他们怎么说，万一有出价高的呢。"

阿姨给她女儿说："谁你也别找，就找小邢吧。那几家也有客户，可我不想让他们卖。"

我跟阿姨的女儿通了个国际长途。她很会说话："我妈特别喜欢你，说你耳朵大，有福相，坐那儿跟个佛似的，肯定不会骗人。她就希望让你卖，我得考虑她的感受呀。那就拜托你啦。"

其他几家中介的客户确实有出价高的，我也劝阿姨能多卖一点儿是一点儿，但阿姨就认准我了："也没高多少，还是你卖吧。"

最后还是我把这房子卖了。阿姨的女儿回国需要换美钞，每个人的换钞额度有限，我叫了几个同事一起帮她。

人家那么信任我，我能不卖力吗？

摆牌时还认识了一个姑娘小熊。一个大冷天儿，她来找我租房子，我虽然不做租赁，还是帮她找了一套，让她直接跟业主签的，没收中介费。熟了之后，我还给她介绍了一个男朋友，两人谈上了，双方家长都见面了。小熊很认真地跟我说，她的婚礼要请我作为介绍人上台讲话。不过，后来两人经常吵架，一闹分手小熊就给我打电话，大半夜我还得打车过去安慰她，头都大了。两人最后没成。

摆个牌，生出这么多有意思的事。那牌子上有看得见的房源信息，更有看不见的情感。

凌晨给客户打电话

我在世茂奥临卖了第一套房子之后，师傅雷刚带我跳槽到21世纪不动产。门店离世茂奥临有好几公里远，我还是每天骑电动车去老地方摆牌。

新店长陈中是从广州过来的，很厉害。一套房子，他跟业主聊价格，聊到900万，旁边有人出到1000万，喊业主过去，但是业主死活不过去。不知道陈中是怎么说服业主的，宁愿少赚100万也要跟他签。

陈中跟我们说，买豪宅的人，一般都能在网上查到个人信息，掌握这些信息之后，再跟人聊，就能投其所好。一套

2000 万的房子，他去聊价格，能聊六七百万下来。人家社会阅历也在那儿，戴个小眼镜，气场老足了。

陈中带店也有一套。出来一套好房，他让我们深更半夜给客户打电话推房子，打到凌晨 1 点。他振振有词："那个时候，很多有钱人还没睡，人家还在学习或者工作呢，正有点儿乏味，你很有激情地给他打电话，告诉他出了一套低于市场价500 万的房子，他可能会有兴趣的。万一影响人家休息了，人家骂一句就挂了，也没啥。这就是个概率问题，打一百个电话，总会成交一两个。"

你别说，我们打这种深夜电话，真有约出来看房的，也真有成交的。

当你充满激情地给人打电话，只要他还没睡，基本都能听你讲一讲，骂人的很少，就算骂也不会很难听。当你告诉他，一套市场价 3000 万的别墅现在 2500 万出手，付款方式好，没准儿 2000 万就卖，也就是说，接个电话就能赚 1000 万，他会骂你吗？

一天半夜，我们正忙着打电话，店里的座机响了，一个同事用免提接了。

"你好，是 21 世纪不动产吗？"

"是。"

"你们不睡觉吗？"

"你是哪里？现在有一套低于市场价 500 万的别墅在卖，我们有钥匙，随时看房，业主着急用钱……"

"你别说了，我们是派出所，已经有居民投诉你们了。你看看，这都几点啦？赶快歇了吧。"

"是，是，是!"

同事一放话筒，噗一声笑出来，我们也都乐了。一看时间，都凌晨 1 点多了。

我还有半夜接客户电话的经历呢。我们的手机都是 24 小时开机。一天夜里 12 点多，手机响了，一个女的，说看到我在网上发的房源，想看看。她在三里屯一个 KTV 上班，白天睡觉，晚上才有时间看房。第二天晚上我带她看房，只看了两套就定了。

晚上打电话来的客户，精准度太高了。

配合同事演了一出戏

在 21 世纪不动产，我认识了一个好朋友，叫祁小竹，爱读书，啥都懂，我跟他学了很多东西，特别是实战谈判方面。他一直教我遇事不慌，常说"胸有惊雷而面如平湖者，可拜上将军"。

我俩一起合作过两次谈判，他主谈，我捧哏。

其中一次，我俩合演了一出戏——祁小竹扮演客户的代理人，我扮演拎包的经纪人，谈判对手是世茂奥临的一个韩国业主朴先生。真正的客户没时间谈，给了一个心理价位，找了个中间人。那个中间人又不想出面，只好我们代劳了。

去业主家之前，祁小竹给我提醒了两点：我得捧他；对方是韩国人，一定要对人家客气。

敲开门后，我俩换好鞋套进去，我拎着祁小竹的包，向朴先生介绍他是客户请来的代理人。韩国人果然客气，马上给我俩一一鞠躬。我俩都回鞠一躬。

朴先生让我俩坐沙发。祁小竹大大方方往那儿一坐，我没坐，站在一边。人家都是有身份的人，坐在一起谈事，我作为经纪人，不能在那儿坐着，不然显得人家的身份也下来了。

一谈起来，祁小竹就编故事，把自己身份拔得老高："我大哥是领导，给女的买房，不方便露面，全权委托我了。您这房子的价格合适我就买。今天咱们结识了，您今后不管做什么行业，有什么难处，都可以找我。"

祁小竹只比我大几岁，但就有那派头，气场很足。

朴先生很懂中国，他带朋友去雍和宫，讲那儿的掌故，很多游客都不听导游的只听他的。他聊起中国的历史文化，聊起各个行业，祁小竹都能接上话，而且不外行。两人聊得投机，聊了一大圈才回过头聊房子的价格，很快就敲定了。

他们聊了两个小时，我一直在一边站着，该说话的时候说，不该说话的时候就保持沉默。后来朴先生对我说，这个细节让他印象很深，觉得我很职业。

签合同的时候，真正的代理人才出面，就签了个字。

朴先生一直都不知道祁小竹是假冒的。后来，只要是涉及房子方面的事，朴先生都会找我，永远叫我"邢先生"，我差不多成了他的私人经纪人。

我们帮他卖了房子以后，他立马又买了一套。签合同的时候，他给我打电话："邢先生，我看好了一套房子，您过来帮我签合同吧。"我问他跟谁看的，他说，房子是他太太跟我一个链家的前同事看的。我犯难了，不能抢人家单呀，就让他跟谁看的找谁签。他很坚决："我不找别人签，我就找您签，因为我相信您。"他想让我挣这一单的钱。我没同意，没给人家捣乱，只是让人家少收些中介费，帮朴先生省点儿钱。这事过后，他更信任我了。

后来这套房子再卖的时候，他只找我，让我全权代理。在几家中介公司登记，留的都是我的电话号码。有的小公司通过业主资料找到他，他就一句话："不管你们出多少钱，我都不卖。你们去找小邢吧，我只相信他。"

我和一个意向客户聊过后给朴先生汇报，他只提了两个问题：这个客户人怎么样？这个价格能卖吗？

我给了肯定答复。他毫不犹豫："行，我听您的。"进了谈判室就在合同上签字。

朴先生在这边的生意，也请我参与。他很善良，太容易相信别人，总上当受骗。一次聊天，他对我感慨："如果说给一个人打分，满分是 100，我在韩国能打 95 分，比我厉害的人肯定有，但不多；但是在中国，我估计连 50 分都没有，你们中国人太聪明了，人精太多了。"

一场 12 小时的谈判

祁小竹天天带我去店旁边的一个茶馆喝茶、看书。他说，不用守在店里，姜太公钓鱼——愿者上钩。

一天，我俩正在那儿喝茶呢，店长陈中给祁小竹打来电话："有个客户买了一套 1000 万的房子，刚签合同就反悔了，咋整？"祁小竹说："让那个签单的经纪人来茶馆找我吧。"

经纪人来了，介绍了情况：业主和客户的单位都是一个系统的，只签了合同，定金没交，中介费没交。祁小竹问："这事我要解决了，能分我业绩吗？"经纪人连连点头。祁小竹淡淡地说："我把这事给你办了。"

这一次，我又配合他谈判。我们把业主和客户都约到店里。业主李老爷子，客户蒋大姐，各自拿着合同来了。两人都拉着脸，被我们劝到谈判桌边坐下。

祁小竹提前叮嘱了李老爷子："少说话，听我的。"

他问蒋大姐："合同白纸黑字，是不是您签的字？"

"是我签的。"

"您签了合同又不买，是违约，得赔人家违约金，还得给我们中介费。"

"我只退房子，不赔钱。"

李老爷子就来气了，骂了她几句，两人就你一言我一语掐起来了。

我们一看这架势，赶紧把两人分开。祁小竹留在店里和蒋大姐谈；我把李老爷子弄到附近一家咖啡厅，一边安抚他情绪，一边在手机上和祁小竹沟通。

祁小竹对蒋大姐展开了心理攻势："老爷子跟您都是一个系统的，您在哪儿上班，他知道。老爷子说了，他已经退休了，您要是不赔钱，他就天天去您单位。这不太好吧，对您影响挺大呀。"

蒋大姐就有点儿蔫了。

祁小竹抓住了她怕负面影响的心理——按她的级别，正常来说不可能有那么多钱买上千万的房子，如果老爷子真去她单位闹，她就有可能被人揪住经济问题上的小辫子。

最后，蒋大姐答应赔李老爷子55万违约金，付给我们15

万中介费。

谈完，已是凌晨四五点钟，一共谈了 12 个小时，谈得我脑子都晕了。

等蒋大姐走后，李老爷子给了我俩一万块钱好处费，也回去了。祁小竹嫌少，让我把这一万块还给老爷子，争取多拿点儿。

老爷子走得不远，我跑着追上去："您等一下，这钱我们不能要。"老爷子回头一看，也跑，跑几步，一不留神摔倒了，爬起来接着跑。这下我也不敢追了，拿着一万块回去，和祁小竹分了。

到这儿，这个事还没完。后来，蒋大姐来找我和祁小竹。"我知道，整个过程是你们设计的，"她表情平静，"但是呢，赔这些钱，我也认可。我反思了，合同是我签的，你们说的问题也确实是我害怕的。"

我俩不吭声。她的话说到这份上了，我俩还能说啥？其实，如果当初她先来找我俩帮她解决这个纠纷，给些好处，那谈判时我俩聊的方向就不一样了。

"我看你俩挺聪明的，别在这家公司干了。"

"为啥？"我和祁小竹异口同声。

"我在顺义有一套别墅，还有几十间平房，我给你们出钱，你们在那儿干中介吧。"

我和祁小竹交换了个眼色。这真是不打不相识啊。

蒋大姐带我俩去看了那套别墅，地下一层，地上三层，装修特别好。蒋大姐开玩笑说："你俩都带女朋友来，也够住了。"

有人出资，给股份，没啥风险，这机会，我俩确实动心了。但仔细想想，还是不敢接，因为不知道这大姐什么路子，感觉她很有背景，而且我们之前坑过她一把，理亏在先，怕她以这事为幌子报复我们，就拒绝了她。

事后想起来，我俩可能错过了最好的一个机会。真跟蒋大姐一起干，没准我俩就干起来了。

后来我离开 21 世纪不动产，回链家，又转到我爱我家，再干独立经纪人，跟祁小竹没有什么交集了。他换了很多行业，现在干商业地产。

像他那么有学问的经纪人，我再也没有看到过。

真真假假，各使手段

干了这么些年，见识了太多房产中介的套路。

经纪人喜欢拿房子便宜说话，拿业主着急说话。有时候为了谈价，找个同事给业主打电话，说新出一套房子，跟你家的户型、面积一样，业主着急卖，你家报 3000 万，那边 2800 万就能卖，付款方式好，2600万也不成问题。这业主第二天就该给你打电话了，价格自然好商量。

做销售，有时候得善意地做点美化和夸张，不然不好成交。如果太实在，会吃很多亏。很多东西你老老实实都告诉客户了，他转身一问别的经纪人，别人稍微使一个小伎俩，也许就被带走了。我带过一个客户，价格都聊好了，就等签合同了，其他公司的经纪人给业主打了个电话，说能帮他多卖20万，业主就不卖我的客户了，一门心思要那边卖。客户也一门心思要买这房子。结果你猜怎么着？客户撇下我，通过那家公司签了这套房子，生生多出了20万。

经纪人带客户看房，有的业主悄悄给客户递名片，想私下交易。他想得挺美：帮客户省点儿中介费，对方就能多加点儿房价。

为了一点儿利益，经纪人动脑筋，客户动脑筋，业主动脑筋。大家都是真真假假，彼此心照不宣。我说的假话你听得不反感，你说的假话我听得不反感，就可以了。

经纪人不能被客户牵着鼻子走。客户买房是为了自住还是投资、他的首选目标、家里谁是决策人，这些核心点要掌握住。只跟决策人聊，做不了决定的人跟他聊得再好也没用。

现在的市场环境跟以前不一样，完全靠忽悠行不通了，但是还要讲究一些技巧，投其所好。那些卖保健品的小年轻就抓住了一点：很多老人，子女不在身边，连个说话的人都没有，买保健品，实际上买的是心理安慰。小年轻嘴巴甜，阿姨长阿姨短，关心一下老人吃饭没、吃药没，或者陪着去公园走走。老人买保健品时想的是：这保健品哪怕我不吃，就放在那儿，我得让他冲业绩，他业绩够了，就乐意过来跟我聊天了。我就拿这几万块钱买个陪伴。

当经纪人，如果不会说善意的谎言，不会用一些技巧，成单率不会太高。

比如谈判，有时候买卖双方都是身家上亿，不过他们身家再多，只要坐到谈判桌上，就得按我的节奏来。只要一个想卖，一个想买，那咱们就有的谈。一般情况下，我会先给双方留出聊天空间："张哥，李姐，我给你们倒杯水，再整理一下资料，你们先聊着。"让他们先熟悉一下，熟了以后才好谈正事，要不一上来彼此都有防备心理：她想跟我砍价；他不想给我降价。两人一聊，没准还是老乡或校友，气氛一下就轻松了。

看火候差不多了，或者聊不下去了，就该我上场了。"咱们都是因为这套房子结缘的，我呢，是为你们牵线搭桥的。"开场白过后，慢慢进入正题。"张哥，李姐看了您的房子了，方方面面都满意。实话说，就是价格上……"

谈到价格，欲言又止，必须打住。这时候千万不能直接谈价，一上来就谈，搞不好就谈崩了，双方也高度紧张。

"这样吧，咱们先确认一些细节。"作为主导谈判的人，这样说就能把控住节奏。你可以问业主为啥要卖房，希望在多长时间内拿到这笔钱，这样就知道在哪个点上能跟业主杀价，也让客户找到和业主交流的切入点。平时他们让你传话，话里可能有好多虚假成分，但是他们面对面说的绝大部分都是真实的，因为说假话就谈不下去了。在谈判桌上，他们都得为自己说的话负责任。你的目的是让他们达成交易，什么时候该向着业主，什么时候该向着客户，这个度把握好了，价格就能谈成。

有一次，我约了业主和客户来签合同，我知道业主有些矫情，就事先提醒客户别说话，听我说，不然业主有可能临时加价。客户是个特别实在的人，我去准备合同时，业主跟他唠家常，问他做什么工作，他不吭声；业主问东问西，他还是一句话不说。最后实在没办法了，他出来找我："我能跟他聊吗？"我乐了："除了价格，你随便聊。"只要客户认为你站在他的立场，替他考虑问题，他就完全听你的。

也有很多客户自以为聪明，跟我咨询完了，又跟其他人咨询，但是往往打听的越多，信息就越混乱，影响判断。等他明白过来的时候，真正适合他的房子已经没有了。我跟所有客户都说一句话："只要这个房子你第一眼不排斥，价格在你的预算范围内，就值得考虑一下，而且要尽快做决定，尽快跟业主聊。不然，过了这个村就没这个店啦。"

说白了，买房子太理性，太算计，不一定是好事。我们卖房子一样，没心眼不行，太有心眼也不行。怎么掌握那个分寸，学问大着呢，我还在学，可能要学一辈子。这样的人生，太有意思啦。

（部分人物为化名）

采访手记

邢守东一点都不装。采访中，他聊起自己在这部"真真假假、钩心斗角"的世俗剧中的"戏份"，聊起"善意的谎言"，聊起"不能太实诚"，状态之开敞，神情之自然，就像当爹的聊起自己的调皮小孩。

他务实性格中的可爱，消解了那些上不了台面的东西的暗色调。比如做私单这种"90％的经纪人都干过"的事，他带团队的时候不但不干涉，还支持。"我跟他们说了，租赁单的业绩谁也别往公司交。总共收五千块钱，交到公司以后你就拿千八百，干啥呢？长时间不开买卖单，你得吃饭哪。北漂，都不容易啊。"他相信，"水至清则无鱼"。

他不讳言自己因为频繁跳槽，上过中介公司的黑名单；也不讳言自己"因为膨胀了，想赚大钱"，曾经离开本行，在其他行业晃荡过几年，结果发现有劲儿使不上，"打哪儿都像打在棉花上"，终于醒悟到，那些客户资源都是做房产积累起来的，于是乖乖回到房产中介行业。

如今，作为独立经纪人，他看好这个群体的发展。他觉得，今后会有越来越多的优质客户选择私人房产顾问，把自家所有的房产事务都交给这个人打理。

他表述自己角色定位的一段话，简直可以作为独立经纪人的宣言："我给你出谋划策，解决很多问题，因为我是资深业内人士，我知道中介的套路，可以跟他们斗智斗勇。我能帮你用最安全、最省心的方式，拿到你想要的房子，或者给你的房子卖个好价钱。你如果想处理好自己的资产，找我，没错。"

从每天打 1000 个电话到带出"百万门店"

口述人：张万宝，男，生于 1989 年，甘肃庆阳人，2009 年入行，现工作地西安。

采访时间：2021 年 1 月 25 日。

我是个不服输的人。我天生讲话口齿不清，有点结巴，后来练得正常了，语速还是慢。刚当经纪人的时候，店长当面说我不适合干这行。在认定这个行业的那一刻起，我唯一想要证明的就是我不是店长眼里那么差的人。现在，我是链家的"百万门店"商圈经理、优秀讲师。

我坚信一点：不管你被贴上什么标签，只有你才能定义自己。

试岗期的魔鬼训练

我是多年的北漂。一开始在 4S 店上班，工资低得可怜，只有 500 块。2009 年底，我转行去了一家房产中介小公司，只是觉得干这行能挣钱。那家公司最吸引我的一点是包住。

14 天试岗期，只有一个任务：每天打 1000 个电话。是的，1000 个。

我们这批新人一共七个，店长对我们说，这项打电话的训练是为了让我们迅速进入工作状态。每天早上，他发给每人一个打印的资料本，上面是密密麻麻的电话号码。"每人 1000 个号码，不重复，打吧，打不完不准下班。"他面无表情地说。我们都倒吸一口凉气。

很多同行刚开始打电话的时候都会犯怵，我们那会儿还来不及犯怵，因为根本没时间多想，只知道一刻不停地打电话。

打的电话基本上是打通就挂的那种状态：问对方买不买房，很多人一句话不说就挂了，有些人会骂你几句再挂，通话时间一般不会超过 30 秒。一旦对方表现出买房兴趣，马上就说"我们店长很专业"，把电话转给店长，让他来沟通。说得不好听一点，我们就是他拉来垫背的。

我们从早上 8 点一直打到深夜 12 点，中间只有吃饭和上卫生间的时候才短暂停一下，跟打仗似的。

第一天，我拼尽全力，只打了六七百个电话，没完成任务。也有完成的，一个当过兵的小伙子，打了 1200 个，当时我对他简直是膜拜。

我坚持了一个星期，没有一天是完成任务的，最多打七八百个。店长当面说我："你不适合干这一行，还是干点儿别的吧。"

这么一说，真是刺激我了。别人说我不行，我偏要证明一下自己。这以后，我打电话尽量说快点儿，吃饭只吃 10 分钟，小跑着去卫生间，哪怕嗓子哑了也接着打，终于能完成每天1000 个的任务了。

就在这期间，我身边的其他新人，一个个都走了，包括那个当过兵的。到 14 天试岗期结束的时候，只有我和一个小姑娘还在。

店长看着我，不说什么，意味深长地笑了。

每月花五六千块买网络端口

入职第一个月零八天，我开了第一单：穿着工装出去吃晚饭，有人在路边跟我搭讪，说要买房。一聊，居然是庆阳老乡。在大北京难得遇到老乡，彼此一下就有了亲近感。我俩聊了很多老家的事，房子倒没聊太多。当晚带他看了几套房，看到 11 点，他就定了一套。房价我记得很清楚，316 万。那天晚上揣着老乡给的 3 万块定金回到宿舍，这是我长这么大第一次过手一笔"巨款"，挺兴奋的，还有点担心，怕被人抢走了。躺在床上睡不着，一心想着我能干好这一行。

结果，干了一年，只签了这一单。

2011 年初，我转到商住楼美立方小区门口的 21 世纪不动产加盟店。当时这个小区刚交房，还没有其他中介公司来竞争。我大概摸到了一点儿门道，知道要做社区精耕。买这个小区的很多是投资客，有的人一买好多套。不管是谁来收房，我都要去见一见，发发名片。

形成一面之缘后，那些投资客卖房子都来找我。我把他们的房子钥匙都收上来。最多的时候，我手里同时有 40 多把。

钥匙太多了也麻烦，管理起来要特别精细化，每把都贴上标签，写明房号，不能搞错。我曾经搞丢过一把钥匙，只好去给那家换一把锁。这以后，所有业主给我的钥匙，我都要再去配一把备用。

把控好房源后就简单多了，无非是找客户，只要客户来了，就有很多房子给他选择。

那时候感觉好忙啊，不是在带看，就是自己有钥匙的房子被卖掉了。有个客户在这个小区有 11 套房，全部交给我卖，有 6 套是我卖掉的。那是我在这个行业第一次感觉状态挺好的时候。

2011 年的 10 月 12 日，我跳槽去了我爱我家。进去之后就感觉大平台到底还是不一样，制度规则比小公司规范多了。我以前在谈判上弱一些，到这儿后跟店长学了很多这方面的技巧。我习惯先摸清买卖双方的心理，把各种铺垫工作做好，再让他们见面谈。每个单子基本上只差两三个问题点需要在桌面上沟通。这么一来，谈判的时候我就很有底气，成功率也高。

2011年的市场比较一般，我在第二年开始发力。一过完年，我预感到市场会有起色，就投入血本买了五六个发房源帖的网络端口，每月花在这上面的钱得有五六千块。结果还真有作用，那年的3月、4月，每个月我都能上一两百个网络客户。上完客户之后，就把他们转化到一个新楼盘，叫天润福熙大道。5月，我成交了5套那个小区的房子。有个端口上的客户，约在小区门口见面，带他进去看了不到半个小时，就把钱交了。

我一个人做了全店差不多一半的业绩，只有一件糟心事儿：店里有个姑娘看我不顺眼，跟我各种不对付。一天早上，她迟到了，店长要罚她，她不依："凭什么张万宝经常不打卡?!"店长告诉她，人家不打卡的时候，都在带看呢。她跟店长嚷嚷："你选吧，这店里，有我没他，有他没我!"

店长平静地说："那你走吧。"

这姑娘去了另一个店。

这件事，我挺感激店长的。不过，如果我是店长，也会选择自己。后来我自己带店，也懂得了保护人才的重要性。

2015年2月9日，我跳到了链家。一去，就有一种归属感。链家人有一种特别的气质，而且数据管理的平台也公平，比如付出的多，在官网的展示机会也更多。当年，我的业绩做到了大区前 20 名。

2016 年，我进入了链家的精英社，跟精英社的人一起开会、沟通，又学到了很多东西。

有个同事的单量很少，光靠录入房源就进了精英社。他每个月都能录入好几百套房源。因为链家的市场占有率比较高，所以他录入的大部分房子都能被同事卖掉，所以他的业绩分成也很多。

还有个同事靠的是客户响应率。不管哪个客户在链家官网上给他发消息，他都能做到 10 秒以内回复，这个数据是全公司最好的。他能做到这一点，完全是出于对客户的重视。他的手机 24 小时不关机，音量调到最大，一有客户消息马上回复。甚至半夜两三点，客户发来消息，他在睡梦中听到，也赶紧起来给人家回复。

精英社里每个人都有自己的绝招。至于我，没太大优势，就靠单量。这一行里，优秀的人太多了，必须不断进步。

放弃百万年薪，带出"百万门店"

2017 年夏天，我面临一个重大的职业选择：要不要离开北京？

当时，链家准备去西安发展，急需用人。西安离我老家很近。我想开拓一片新领域，也往管理层方向走一走。而我在北京可以说已经进入舒适区，就差买房了。西安，有机遇，有挑战，也有风险。

考虑之后，我做了决定——去西安。

一来，发现困难比我想象的还要多：店面、人员、配套资源，啥都没有。之前我根本没想到作为商圈经理，还要自己去找商铺开店。更要命的是，这边都没有人知道链家是干啥的。我的店是链家在西安的第一批店面，刚开的时候，好多人进来问："你们是不是做装修的？"那种感觉，就像以前在天上，现在忽然被按在地上了。当时收入也很低，才五六千块钱一个月。要知道，我在北京的时候年收入已经接近百万了。所以来西安的前半年，可以说是相当后悔，整个人生都迷茫了。

但是我从来没想过回北京，西安做不好就回去的话，挺丢脸的。不闯出一番名堂，我肯定不会回去。

2017 年 8 月 4 日，我开了西安链家的第一单。当时才来一个月，店面还在装修，一个朋友介绍的客户找到我，发现这家公司连一个门店都没有，挺怀疑的：这不是一家野鸡公司吧？听我解释后，才打消疑虑。他想买二手房。我挺犯难的——分公司刚成立，没有合同，没有合作银行，没有交易中心，如果签了二手单，后期的流程我都不知道咋跑。硬着头皮带他看房，看完都准备跟业主约谈了，我问他要不要再看看新房，他说行，就又带他看了三个新楼盘。也算运气好，最后他定了套新房，房价71万。

店面开起来了，但不太好招人。因为一开始链家在西安只是小公司，有经验的经纪人都不愿来，我只能去大学招应届毕业生。面对那些年轻人，我提到了时任链家董事长左晖的一句话："一个经纪人只要做到不骗人，就会非常有竞争力。"我说，我对此绝对认可，因为我一直是这么做的。底下一片掌声。

培养新人，我花了很多工夫。每天晚上我都给新人培训到十一二点；为了给他们作表率，带看、谈单，业务一线上的事情，能干的我都干了。那时候有个北京的老客户介绍他在西安的亲戚来买房，我带去看一个新楼盘，客户买了，又转介绍，那个楼盘我一共卖了7套房子。

慢慢地，团队成长起来了。我带出了十多个M（带新人的师傅），在店里打造出一种学习、向上的氛围。一天晚上，快12点了，我给一组新人培训完，出会议室的时候发现，四五个M还在门口站着呢，原来他们一直在门外听我讲。看到这一幕，我心里挺暖的，有这样的团队，不愁做不出业绩来。

2020年，我这个店的业绩在西安链家210家门店中排第一；当年8月，达成了"百万门店"的目标。

这个行业真的是一分耕耘一分收获，我经常给新人说一句话：要做好经纪人，第一是不骗人；第二是踏实用心，不需要你太聪明，哪怕笨一点，成长慢一点；第三是坚持下来。

有时想，我真得感谢刚入行时那个说我不适合干这个的店长。在这一行，那些质疑你的、辱骂你的、折磨你的，也是你的贵人。

采访手记

张万宝给我的采访时间只有一个半小时，早上8点到9点半。他太忙，只能利用早上这点儿空档。

关于职业生涯中的几个重要节点，比如入职时间、开单时间、有纪念意义的一单的成交价，他都记得很清楚。对数字敏感且珍视，天生的销售精英。

"匠心，做更好的自己。"张万宝这句精英范儿的话，出现在2020年8月他获得"金质店面奖"的海报上。他把海报发在朋友圈，配上一句："出生决定很多东西，但一定不包含结局；时间还早，我，永不服输！"

永不服输，是张万宝的同事对他的一致评价。有人说，他是一个追求完美的人，对自己要求非常严格，"时刻保持着一颗永争第一的心"。

张万宝的每条朋友圈都添加了位置，那是一长串文字："西安·链家红枫林店百万门店正在招人……"点开，有门店地址、张万宝的手机号和视频号。

2020年3月6日，张万宝发了一条朋友圈："看孙俪演的电视剧《安家》，有没有人想尝试一下房产销售？敢于挑战的请联系我。我们的工作比电视剧还要精彩！"

2021年，他在朋友圈晒他店里的"专业贴膜"便民服务，晒他正在读的《论语》，晒他的深夜签单，晒他和"一直保持第二名，相互给予危机感"的兄弟的合影，晒他"在链家的第四个特殊的精英社盲盒"，配上一句："未来可期，持续优秀。"

我在深夜哭着给客户打电话

口述人：胡冬玲，女，生于 1987 年，内蒙古乌兰浩特人，2007 年入行，现工作地北京。

采访时间：2021 年 1 月 6 日。

我老打自己的脸。说好不在饭店干，结果还是去端了盘子。清空了手机里所有的客户信息，说好永不回头，结果还是回来干房产经纪人。

我老哭。被领导折磨，哭；被客户跳单，哭；遇到客户不讲理，哭；工作压力大，哭。我只能通过哭释放情绪。

不过，在这个行业干了十多年，见过各种各样的人之后，我懂得了，所有的泪都不会白流。

"天安门哪儿的房子卖？"

来北京前，我跟北京的小姑说，我绝对不去当服务员。那是 2007 年，我 20 岁。

高中毕业后，我在老家一家私立图书馆工作，工资只有几百块。我觉得我要是在那儿干一辈子还挺浪费青春的，就想投奔小姑去。

小姑跟我说，你现在没有钱，北京房租又贵，要养活自己，就只有在饭店干，因为管吃管住。

我没有别的选择，去一家饭店当了服务员。工资一千多，每月还能剩点儿。

在那儿干了半年就走了，很讨厌饭店那种吵闹的氛围。原来在图书馆的时候，耳根子多清净呀。

小姑问我，你是想学东西还是想赚钱？

我说，想学点儿东西。

小姑说，那你干房产经纪人去吧。

那会儿她做二房东，出租地下室，很多住户是房产经纪人，她老跟人家交流。她对我说，这个行业特别锻炼人。我想想，也行。我比较腼腆，跟陌生人说话都会脸红，正好去学学怎么跟人打交道。

经人介绍，我进了我爱我家的一个门店。

遇到一个特别折磨人的女店长。我跑了半个月盘，她盯我盯得特别紧，每天打好几个电话问我在哪儿，楼栋图画得怎么样，我吃午饭时还接到她查岗的电话，有一种被监视的感觉，就坐那儿哭。

也不敢打陌生客户的电话，但每天都有打电话的任务，我就从公司系统里挑那些别人备注了"无人接听"的号码打，反正打不通，做个样子给店长看。

店长一眼就看出来了。她板着脸对我说："小胡，你要不想打电话，我建议你别干了。"

硬着头皮继续打电话。也有打通的，我半天开不了口，对方问："谁呀？"我声音有点发抖："我是我爱我家。"对方笑笑："你爱你家呀。"

也有人逗我。有个电话，通了，我做了自我介绍，问对方的房子卖不卖。那个男人说："我有套天安门的房子卖。"我信以为真："天安门哪儿的？"电话那头一通大笑，挂了。

入职两个月做出两万业绩才能转正。我来了一个多月还没开单，正愁呢，有个老经纪人在那儿说风凉话："小胡，你马上就要被淘汰了，有没有去找新工作呀？"

这话特别扎心，我又哭了。

也想过要不要放弃，但我没给自己退路。

"放心，不会跳你的"

幸好我坚持下来了，不然就错过了那么多有意思的人和事。

我做的前两个租赁单，都遭遇了跳单。

一套租金两千来块钱的房子，我带客户看完刚回店，客户给我打电话，问刚才看的房子是几层几号。我问他是不是想再看一下，是的话，我马上过去。他说不是，"你把房号告诉我就行"。

　　我一下子意识到，他在套我信息。套信息，就是跳单的节奏。那时候，我已经听一些老经纪人聊过被人跳单的教训，有些防范意识了。

　　我赶紧给业主阿姨打电话说明情况。"阿姨，刚才看您房子那人可能会再去敲门，您可别给他开门呀。"

　　阿姨说："小胡你放心，我肯定不给他开。"

　　后来，这一单还是签成了。签合同的时候，客户当我面问业主阿姨："我去敲门，您为啥不给开呀？"阿姨说："我没听见呀。"客户"哦"了一声："我可能敲错门了。"

　　客户真可能是敲错门了。那个小区有个特点，每栋楼的几个单元共用一部电梯，出电梯后左右两边都是走廊，好多第一次去的人都容易转向。这个客户也有点儿迷糊，才找我问房号。最后没办法，只好再请我联系业主。

　　另一个客户要租房，我带他在周边看了好多套房，没看上。后来带看了一个挺远的小区的一套房，毛坯，客户说可以自己装修一下，但要签长约，租金要便宜。业主说可以谈谈。客户就要给对方留电话，我赶紧拦住。业主对我说："没事儿，不会越过你。"他俩互留了电话。

过了几天，客户给我打电话说："放心，不会跳你的。"

结果，他还是把我跳了，还说漂亮话："我妹妹也要租房子，这单一定给你做。"

挂了电话，我就把他拉黑了。很厌恶这样的人，不仅践踏我的劳动成果，还用欺骗来伤我的自尊心。我不想再跟他有任何交集。吃亏，吃一回就够了。

一个"傻子"客户救了我

两个月快到了，我只开了一单租赁，业绩远远不够转正。关键时刻，客户张先生出现了。

张先生是租户，比我大不了几岁，留学回来的，租的房子快到期了，业主找新租户，安排我跟他对接。我顺口问了一句："张先生，您买房吗?"没想到，张先生正好有买房子的想法。他说，很多中介给他打过电话，都问他想租哪儿的房子，只有我问他买不买房。

抓了根救命稻草，我赶紧带他看房。他很好带，需求明确，素质也高。交流中他告诉我，在国外留学时，他给了一个乞丐100欧元，身边的朋友都开玩笑说他是傻子。

带看了几套，张先生就定了房。我的第一个买卖单就这样成了，让我顺利转了正。

接下来，这个单子出了个小插曲：定金交了，合同签了，首付款也给了，业主那边提出，过户之前的这三个多月，房子名义上还是他的，张先生作为买家，就算还没住进去，也必须付房租、交物业费。

这么个过分的要求，张先生居然同意了。

能遇到这么好的客户，真是我的福气。

开了这一单，我那个月的工资加提成拿到了14000元。在自动取款机屏幕前，看到银行卡里的这个数字时，感觉全身每个细胞都在跳跃。要知道，之前我卡里从来没有超过一万块。后来，开单多了，工资比这还高，我却没有当初那种兴奋感了。

我入了公司的精英社，拿业绩积分换了些DVD机、吹风机给家人用，让他们知道我在北京混得还不错。

店长拍桌子，客户跳了单

活下来，就得经受煎熬。

我做的一单买卖，客户是两口子，希望佣金打折，我帮他们申请了一个低得不能再低的折扣，女的还不满意，又去找我们店长磨。那时候，店长已经换了个男的。

客户一直磨佣金，店长被磨烦了，拍了桌子："别再磨叽了，就这折扣，爱签不签！"

因为业主提供的手续不全，这个单子本身有一定风险，客户再来磨佣金，店长就没有了好好沟通的耐心。

店长一拍桌子，把业主惹火了："你要这态度，咱们也别成交了，我们去找小公司签。"

我一听这话就急了，他这一走，我做的那么多前期工作不就泡汤了？我赶紧去和客户沟通。男的倒没说什么，女的就要跟着业主走。我拦着她不让走。业主是个不讲究的人，当场把他的手机号报出来，女客户马上拿出手机存了号码。这就已经拦不住了，不能去堵人家的嘴呀。

这个单子就这么被跳了。客户和业主找小公司，一万块钱代理费就签了。

他们走了之后，我也走了，回到家，哭了好久。店长把我的单子毁了，客户和业主根本不想让我们赚佣金，我觉得自己同时被两边伤害了，一肚子委屈，但找谁说理去？第二天，我没去上班。一个同事打电话来："你别生气了，咱去堵他锁眼，就不让他好好过。"

我说，这事儿我肯定不干。伤害我的人，我不再跟他打交道就是了，要我去做伤害他的事，我不做。

后来，店长给我打电话，让我回去上班。他没有解释什么，只是用了一种安慰的语气，我就去上班了。其实我要的不多，只需要一些理解。

那个女客户，后来我们还碰到过几次，每次她都躲着我。本来她要从单元门出来，一看到我，立马转回去了。

这种事，只能一笑而过。

看过一百多套房之后

2008 年，金融危机来了，市场低迷，我有很长一段时间不开单，压力很大，早晨起床后感觉呼吸都困难。

当时一个客户李女士，我带她看了一百多套房子，也没帮她买成。

李女士到处看房，看一圈下来，有三套房子的价格接近她的心理价位：一套多 3 万块；一套多 1 万 5000 块；一套多5000 块。

李女士并不缺钱，她是全款购房。只不过，她出价总是比业主的底价低一点儿。房价没降到她的心理价位，她不松口。

那套多出 5000 块的两居室，房子很好，我又向公司申请了最低的佣金折扣，李女士还是觉得贵。后来，那套房子以更高的价格卖给别人了。

我劝李女士："差不多咱就可以定了。"

李女士的婆婆在一旁不乐意了："你可别这么说，如果买了，后期房价跌了，你给她补那些钱吗？"

我哭笑不得："阿姨，我还真补不了，我也赚不了那么多钱。我确实说不好后面的房价是什么样，但我觉得您买房自住的话，现在买挺合适，早点住进自己的房子比什么都强。"

阿姨不依不饶："要是房价跌了，怎么办？"

后来，我劝李女士把眼光放宽，看看新房。当时有个新楼盘开盘，我帮她去排卡。其实那个新盘我们公司不代理，她买新房，我没一分钱业绩。也没别的，就是相处久了，有了一定的感情，想帮她早点儿买到理想的房子。

结果，新楼盘卖得还挺火，李女士没排上，我又接着带她看二手房。各种阴差阳错，还是没买上。

2009 年春节一过，房价眼看着一天天涨上去了，越涨越高，李女士原来准备的全款变成首付，她更不甘心了，经常念叨的一句话是："那会儿那么便宜，我都没买……"

她婆婆不说话了。

李女士跟我看了三年多，到 2011 年，实在看不动了，回老家山东买了一套房。

老家的房子和北京的能一样吗？

在我面前，李女士挺过意不去，一个劲儿道歉。我说："我也挺不好意思的，带你看了这么多房子，没有让你买成一套。"

现在回想起来，李女士没跟我买成房子，除了在房价上太计较之外，还有很致命的一点：家里做主的人太多。很多次看房，李女士都带着她丈夫和双方父母一起看，一家子各有各的意见，这让她怎么下决断？

所以，买房这事儿，决策人一定要少。

"只有你叫我'先生'"

在这一行待久了，就会领悟到人和人之间那些微妙的东西，说不清道不明。就说团队内部的竞争吧。入行之后，能不能活下来，全凭自己的本事。

现在的新人一般都有师傅带，我刚入行那会儿不一样。一些老经纪人怕你跟着他学到什么东西，就会把房源钥匙藏起来，你想带看时找他要钥匙，他就说没有。看到你要签单了才把钥匙拿出来，前提是分给他业绩。

还有些人看到你要签单了，他眼红，会揽单，比如给客户打电话说他可以谈到更低的价格，或者把这套房子推给其他同事，让别人签。其实他就是见不得你好，他不好，别人也别想好，纯粹是心理阴暗，损人不利己。

很多时候，同事之间是互相防着的。

我卖过一套别墅，三个同事开发的房源。他们一开始藏着掖着，没把房源录入公司系统，想自己卖。我卖了之后，准备按公司规定，给他们每人10％的业绩。他们不同意。我又提出给他们50％的业绩。他们还是不干，要60％，每人20％。这就过分了，我是成交人，售后归我跑，反倒拿得少。结果闹到店长和区经理那儿。他们都是老经纪人，强势得很。最后，领导让我退一步。我是新人，只能妥协。

不过，老天爷是公平的，你在这儿受了委屈，会在别处找补回来，只要你向善，做对的事。

我带的一个客户姓耿，是中学老师，比我大五六岁。我们约在一个小区看房。那是冬天，寒风刺骨，我在楼下等他。他来了，有些感动，看完房就定了。

客户说："小胡，有很多人要带我看房，你知道我为什么找你吗？"

我摇摇头。

"我知道你并不是最专业的。不过，只有你叫我'先生'，别人都叫我'耿哥'。"

我笑了。确实，经纪人动不动叫客户"哥""姐"，本意是套近乎，却不知道人家喜不喜欢被人这么叫。而我是个比较腼腆的人，不太习惯这种口头亲热，我喜欢跟客户保持一定的距离感。

没想到，习惯性叫人"先生"也能促成签单。

卖房子，有时候真的就是一句话的事儿。

我清空了手机里的业务资源

2010 年，我离开了我爱我家。主要是当时店里的氛围不好，上班时间同事们都在玩，玩游戏，打台球，好像就我一个人在工作，有一种很孤立、很压抑的感觉。在这个行业拼了几年，也累了。

我不是个冲动的人。离职前我想了很久，最后下了决心：今后不再干这一行了。

一咬牙，我把手机里所有客户、业主的号码和信息全删了，一个不剩，彻底放弃。

删完信息、提交离职报告后，在骑着自行车回家的路上，我特别兴奋，特别轻松。这下终于解放了，不用扛那么大压力了。

我在家整整歇了一个多月。几乎不下楼，成天躺床上。饭也不做，就等着男友回来做，吃饭也在床上。手机长期静音，以前的客户、业主打电话来，一个也不接。其他店的店长给我打电话，让我回去上班，我直接拒绝，一份简历也不投。

太累了，就那么躺着，躺得天昏地暗。到后来，连躺着都觉得累。

男友用试探的口气跟我说："你老这么躺着，也不是个事儿。要不，你去链家试试？"他以前在链家待过。

还干老本行？不行，绝对不行！我发过誓的。

不过，我还能干啥呢？当你拿过一月几万块的工资，就没法儿去坐办公室，一月拿两三千了。

我问自己：喜欢房产中介这份工作吗？答案是不喜欢，也不讨厌，它对我来说只是一个赚钱的手段。

看起来，我没有更多的选择。

在男友的劝说下，我的心慢慢活了。歇了快两个月，也该出去工作了。换一家公司，还干老本行，好像也只能这样了。

听男友说，和我爱我家的相对人性化相比，链家管理上更严。我就想，既然还要干，干脆逼自己一把，去链家把自己身上的所有惰性都赶跑，多做点儿业绩，多赚点儿钱吧。

我就这样入职了链家。当初哭着喊着要离开的行业，又一头扎了进去。

唉，早知道这样，就不把那些业务资源全删了。

存的钱，总会取出来的

入职链家才一个月，我又不想干了。

主要是受不了太多量化的基础工作任务。以前在我爱我家时，外出带看，简单填报一下就行了，而在链家，填报时要详细得多，包括客户基本情况、带看情况、具体时间安排等，都要写清楚。带看确认单要让客户签字。每天 20 个电话沟通任务，每个电话的具体沟通情况，也得写上。在公司网站上发帖子，写得不合规要罚款。各项必须完成的基础工作，一项一项综合起来算分。谁都不想分数垫底，是吧？

我觉得链家管得太死了。每天花很多时间完成基础工作，去了一个月没开单。我打了退堂鼓，跟店长说了句"我要离职"就走。店长把我拉回去，问为啥要走。我说，压力太大了。他不以为然："你才来这么短的时间，有啥压力？不得有个适应的过程吗？"我实话实说："感觉节奏太紧张了，没有个人空间，我适应不了。"

店长盯着我："你好好干，不要给自己那么大压力。你没问题的。"他盯了我老半天，盯得我有点不好意思，就松了口："那这样，如果我一直开不了单，自然淘汰，你也不用留我了。"

三个月试用期快到时，我开了两单租赁、一单买卖，转正了，走不了了，也慢慢适应了链家的工作节奏。

没想到，老天爷又跟我开了个玩笑——转正之后一连四个月不开单。

有个老经纪人在别人面前说我的风凉话："换了是我，要是四个月不开单，我早走了。我脸皮没那么厚。"

我又感觉压力巨大，呼吸沉重。

店长找到我："我每天都能看见你在干什么。如果说你每天都是闲着的，我早就找你聊了。你不要着急。你现在干的活就当是存钱了，这钱肯定能取出来的。"

还真被他说准了。第五个月，我一连开了四单，先前那个说风凉话的同事闭嘴了。

"你干得不好，我就会折磨你"

店长当了区经理，我当了店长。

角色的变化，我也经历了一个适应过程。比如，和经纪人一起在大太阳底下摆人字板站一天，晚上 10 点还要带着他们一起准备资料向区经理电话报岗。不能提前打电话，打了领导也不会接；准点打过去，经常会占线，因为其他店的人也在报岗。报岗时，一个个轮着说自己当天的基础工作，不能说假话，不能含糊其词。报完，一个个飞跑，去赶末班公交。有时候晚了，错过末班车，只能打车。

我跟区经理提意见："能不能早点儿报岗，打车费贵呀。"

他反问："你不想想，你们为什么要报岗?"顿了顿，又说："如果你们把基础工作量都完成了，可以不用报呀。我还不想接这么多电话呢，手机都烫耳朵了。我不雪中送炭，我锦上添花。你工作干得好，我对你更好；你干得不好，我就会折磨你。"

我无话可说，生闷气，又觉得他说得有道理。

协调同事矛盾，区经理也有一套。两个同店经纪人闹得不可开交，他让这俩轮着请对方吃饭，不管吃啥，吃泡面都行，但必须拍餐桌上的合影，发给他看。他俩关系慢慢改善了。

区经理从不骂人，但都对他有一种敬畏。我从他身上学到了很多，带团队慢慢成熟一些了。比如，和其他店产生工作纠纷的时候，我会先反思自己这边的问题，能让一步就让一步。我跟大家讲，如果你在一件事上非得较真，得理不饶人，这次你虽然赢了，后边你却全输了。所以我们店内部的氛围相对单纯，没有那么多钩心斗角。每个店都有刺儿头，虽然业绩不错，但他经常侵害别人利益，是害群之马。可能有的店长会对这种人网开一面，就要他的业绩。但我绝对不会容忍这种人。我们店曾经有个刺儿头，我直接让他申请调店："我抓住你的把柄肯定会上报，那会儿你就不是调店的问题了，只有灰溜溜地离职走人。"

2015 年，链家搞改革，我当了商圈经理，带一个店 20 多人。我还是和经纪人一起冲在一线，但渐渐地有点儿承受不住店面成本考核和各种业绩数据考核的压力，状态不太对，每天脸上都不带笑容，有时对迟到的人会说些"你不想干就走"之类难听的话，管理上比较消极。自我反思了一下，觉得这样对自己、对下面的人都有些不负责任，就申请退下来了。

一做回经纪人，我又找到了以往那种存钱、取钱的感觉。

深夜时分，边哭边打电话

做经纪人，遇到各种各样的人，对自己的观察能力、沟通能力、理解能力和包容心都是考验。

最怕遇到不讲理的人。比如，有的业主过户前用客户的钱解抵押，按规定必须把他的房产证收押到我们公司，保障交易安全。他马上就起了疑心："那不行，你们拿我的房产证想干吗？"我说："那我们给您写一份声明，我们不会拿您的房产证作其他用途。"他就钻牛角尖："写份声明有啥用，出了事谁负责？！"

业主杨先生用客户的钱解抵押，需要提供个人征信和一些证件。我跟他沟通了好长时间，他就是不提供，气呼呼地说："你这是违法的。"他认为查征信次数多了会上不良征信记录。我向他说明了公司规定，解释了查个人征信根本不会上不良征信记录，他不听，说这事儿他没办法配合。

我哭笑不得："如果您不配合，后面流程继续不了，那就是您违约了。"

杨先生口气很硬："这是你们的问题，不是我的问题，违约也是你们造成的。不行的话，我找客户私下成交。"

为这个事儿，我失眠了好几晚。链家处理纠纷时有一个原则：客户生气了，经纪人要先道歉，不要去狡辩。因为你是做服务的，客户生气了，你肯定是有错的。抛开服务，你和客户是平等的，而实际上在服务过程中，你又没法儿真的跟客户平等，你是为人家办事的，你要让人家满意。

我决定再跟杨先生好好沟通一次，用真情实意化解他的心结。

有天晚上10点多，店里只剩我一个人了，我拨通了杨先生的电话。刚一开口，一肚子委屈涌上来，我哭了："杨先生，这是为什么？这么长时间，我一直在向很多客户推荐您的房子。您的房子最终卖了个好价格。您要解抵押，金融的费用还是我垫付的。其实您这一单我的收益没有那么多，大部分业绩给了房源维护人，我拿得少，还要承担这么多风险，您又不配合，我真的太难了……"

我越说越心酸，哭声越来越大："这个事对我的生活都造成了影响，现在我都没有办法去接孩子放学，因为我的状态不好，我不想影响到孩子。"

电话那头，一片沉默。

我把心里想的全说出来了："您也算是成功人士了，好几套房子，您可以理性，但是有些问题不是全凭理性就能解决的。分内的事情，您不做，还要怪罪我，还要跟客户私下成交，这对我的伤害有多大，您知道吗？我付出的一切努力，到您这儿，一句话，咔嚓，啥都没有了。要是您现在手一拍，不找我们卖房子了，我也很感激您，我可以放心去干别的事，但是现在这件事卡在中间，我没法儿干别的。我太难了……这么晚给您打电话，就是因为怕白天耽误您工作。"

电话那头终于松动了："行了，你别说了，我明白。该给的东西，我都给你。"

我心头一块大石头落了地，一个劲儿说"谢谢理解"。

接下来，事情就顺利多了。过户之后，杨先生给我们转了一笔款——他的房子解抵押时部分款项是自筹的，有一笔利息，本来约定由我们出，现在他主动提出利息由他承担。

这就是将心比心吧。当你用心的时候，生活就不全是条条框框，而有了一些柔软的东西，就没那么难了。

最让我伤心的客户，我把她拉黑了

当然，在我们这个行业，有时候你越用心，越受伤。

客户张女士跟我看了三年房，前前后后看了很多套，最后看中了一套。当时那套房子还租着，租户每晚 11 点多才下班回来，我深夜 12 点带她去看的房，后来又带她一家老小去看。

我帮张女士和业主谈了两个月，房价谈下来几十万。500多万的房子，中介费是 12 万。

准备签约了，我突然接到张女士的一条微信："实在对不起，这次买房确实太缺钱了，下次我一定找你。"

我蒙了一下，很快就反应过来：被跳单了。

张女士私下找别人约见了业主，见面时业主才知道是她。业主有点儿不高兴："你不是找小胡带的吗？小胡跟我联系这么长时间了，一直帮你谈价格呢。"张女士说："他们中介费太贵了。我们全款买房，多的钱拿不出来。"业主不忍心跳过我，让她还是通过我来交易。张女士不认，跟业主磨。

业主给我打电话说明了情况，商量变通办法："我确实挺着急卖房子的。这个客户能跟你走吗？她非要私下交易，非要省那个钱。要不，中介费你再给她便宜点？"

我说："中介费公司规定了底线，不然就乱套了。她一定要踩着我的劳动成果这样做的话，我也没有办法。"

张女士真这样做了，我确实没有办法。

我给她回了微信："您的钱，太难挣了。这一行我干了十多年，您是最让我伤心的一个客户……没事，您买了就行，不过您以后的交易我都不做了。"说完，我就把她拉黑了。

你嫌中介费贵，可以直接告诉我，这一点儿问题没有，我还为你点赞。你可以问我各种问题，我肯定耐心回答你。但是我已经带你看了三年房，有了一定的感情基础，这么做确实让我很寒心。我甚至都不敢相信这是真的。

我没删张女士老公高先生的微信。这人还是不错的，曾经介绍亲戚找我买房，他老婆跳单后给我打电话解释，这事他没参与，也不赞成这么做。他一再向我表达歉意。

后来又遇到一位特别暖心的客户。

我和同事帮客户算错了税费，少算了 20 多万。我俩发现后，愁得不行，蹲在马路牙子上纠结了半天，饭都没吃，浑身发软，后来想着把工资垫出来承担一部分。没想到客户接到电话后，轻描淡写地说："政府收的税，不会因为你们算错了就少交或多交，就是那么多，我交就是了。"我俩长出一口气。等客户过完户，搬进新家，我俩买了绿植和水果去祝贺。这事让我很有感触，发了一条朋友圈："人还是应该向善，应该感恩，当你遇到不好的事，后面总有一些好事在等着你，不必活得那么计较。"

高先生点了个赞。

修来的福报

人应该向善，这是我从业十多年最深切的感受。

从我手上买别墅的客户王先生是一个"善有善报"的好例子。当时那套下叠别墅是毛坯，他想提前拿到钥匙，早点儿装修。业主提出每月付 5000 元房租，直到过户。这个不太合理的要求，王先生答应了。装修完住进去后，发现上叠漏水。王先生找楼上的业主沟通。对方是个律师，特别难搞，不承认自家漏水，物业的人去也不理。漏了一个月，王先生又找到这位律师，提出一个方案：把楼上做防水的地方拆了，如果发现防水没问题，包括误工在内的所有损失由王先生赔偿；如果确实是防水的问题，维修费用也全部由王先生承担。这么通情达理的建议，对方不可能拒绝。后来拆了楼上的防水，确实有问题。王先生兑现承诺，出了维修费。这以后，律师见了王先生，总是笑脸招呼。后来，王先生要在楼下扩建一间阳光房，跟律师一提，对方二话不说就同意了。王先生向我感慨："小胡你知道吗，当时我帮他修防水只花了几千块，但是我扩建的这间阳光房有十几平方米，我两个孩子学习、活动的空间就大了，特别重要。其实帮他修防水的时候没想到自己要扩建，只是觉得能用钱解决问题，就犯不上把邻里关系搞坏。人的福报，是自己修来的。"

是啊，人品好，自然有福报。而人品和口碑，多少钱都买不来，全靠平时的积累。

这么多年做业务，我坚持两点：不忽悠人，不占小便宜。

一般人印象里的房产中介都特别会说，各种套路，挖很多坑。我不这样。我就很简单，有啥说啥，不把客户当傻子，不让客户掉坑里。

有的客户找我做私单，就是不通过公司交易，让经纪人帮办各种手续，给一些好处费。在我们这个行业，这也算是公开的秘密了。我告诉客户，我绝对不会做这个。我宁愿正大光明地挣五千块钱，也不挣做私单的五万块钱。虽然我并不富裕，但这种钱我坚决不赚，我的职业生涯里不能有这种污点。以前在饭店上班的时候，客人没动过的菜，有些同事会拿来吃，我从来不吃。做人还是应该坦荡一点。

对我来说，我卖的房子不是冷冰冰的，它是带感情、有温度的。感受人与人之间的情义，给房子赋予温暖，这才是经纪人真正的价值。就因为这些温暖，我才能在这个行业坚持这么久。不然，那次清空手机里所有的客户信息之后，我真就不回来了。

（部分人物为化名）

采访手记

几乎每天，我的微信运动步数排行榜上，胡冬玲都排在前三名，常常在 15000 步以上，有时候超过 20000 步。

我知道，对她来说，这又是带着繁忙的一天。

"每天都从它身边路过，变化真快。每一年都可以重来，真好。"2021 年 4 月 17 日晚，胡冬玲在朋友圈里发了这段文字，配了几张图：春树繁茂，桃花盛开。

这个花样年华的女子，不施粉黛，眼神质朴，讲起自己的故事，感情真挚，表达精准，没什么废话。我完全能想象她就是这么给客户讲房子的。

卖房子，是一件让胡冬玲又爱又恨的事。

从在饭店找落脚地的外省青年，到拥有京城房子的资深经纪人，这个行业给了她很多。曾经在陌生人面前不敢开口的她，如今已能在别人话说到一半时就深解其意。

这个行业，又让她一次次想逃离。

做业务，每月月底清零，月初重新开始，这种无形的压力，非身处其中者不能体会。

一到售后，她就很紧张，生怕因为自己一点点疏忽，造成整个流程出问题。她写了备忘录，定了闹钟，反复提醒自己，也提醒客户需注意的事项。

压力特别大的时候，她回到家，不说话。丈夫问她怎么了，她说："你别跟我说话，咱俩保持距离。"她生怕影响丈夫和孩子。

情绪实在憋不住的时候，她会躲在卫生间或被窝里哭。

她没什么娱乐，不旅行，不玩。每天 12 小时，每周六天，工作占据了她的时间。非周末休息的那天，她会到学校接送上小学一年级的孩子。对于孩子，她心怀歉疚。

"自己被填满了，我有这感觉。"回到家，看到垃圾桶满了她都会难受，赶紧收拾，去楼下扔掉，再晚也要去扔，不会等到第二天早上。

她一次次想逃离，却又逃不掉。"今后回老家，我绝对不会再干这一行，我会干一个周末可以休息的、稳定的工作。"

她淡淡一笑："我要坚持到最后，当我放弃的那一刻，我会高兴我解脱了。"

跳单的"精英人士"要告我"骚扰"

口述人：李静（化名），女，生于 1989 年，山东菏泽人，2012 年入行，现工作地苏州。

采访时间：2021 年 1 月 28 日。

做房产销售之前，我是一个很内向的人，喜欢独处，和家人都很少交流，跟陌生人说话还会脸红。

偏偏我第一份工作就是房产销售。卖房子，不开口不行，慢慢打开自己，练呗。做这一行，我被老板抢过单，被客户放过千里鸽子，被同事恶意算计过，哭了无数次，打退堂鼓无数次，都坚持下来了。

到后来，有个所谓的"精英人士"跳了我的单，我去找他说理，他居然要报警，告我"骚扰"。

这么个如狼似虎的行业，我居然离不开了。虽然在这行有很多心酸，很多委屈，幸福指数太低，但也有蛮多收获。别的不说，我比以前开朗多了。现在给我个每月一两万稳定收入的工作，我也不想去干。

一入房产深似海。

老板抢了我的单

我是学幼师专业的，但我觉得带一帮小朋友比较枯燥，不想当老师。2012 年毕业之后正没去处呢，一个高中男同学给我打电话，让我去跟他一起做房产经纪。他 2010 年就入了行，先在上海，后来调到苏州。他跟我说，做这一行收入不错，而且自由。我说我性格太内向了，做不来销售。他极力鼓动我："你来试试好了，我们这边有三个月试用期，有底薪，你要是开不了单，可以到时候再做别的选择。"

那就试试吧。我到了苏州，去同学在的那家门店应聘，是一家小公司。那个店长没看上我，说我性格太腼腆，问一句答一句，不敢表达自己。同学帮我去找店长争取了半天，店长才说，那就试试吧。

进店之后，首先面对的就是电话关。惧怕打陌生电话，每次打都会很紧张。有一次说到一半的时候，客户问了我一些专业问题，我答不上来，一慌张，立马把电话塞给同学，让他接，有点儿落荒而逃的感觉。也遇到一些客户说很难听的话，就觉得这个行业的幸福指数怎么这么低啊，想过放弃。

但是老天爷要留我——在试用期就签了一个买卖单。当时来了一个上门客户，他问我什么，我都不会回答，全靠同学帮忙。同学帮我匹配房源，陪我带看，两三个来回，客户就定了房。这么顺利就签了一单，我又觉得这一行好像也没那么难。至于同学在背后的付出，我几乎没什么概念。

这以后，我好几个月没再签单，才感觉这一行不好做，特别是签第二单的时候，我被自己的老板抢单了。

当时我带客户看好房，也谈好了。谈单的时候，老板帮我。老板是三十多岁的大姐，性格比较强势，挺能干，也做业务。我跟客户约好第二天签约。

万万没想到，第二天一早，老板带着她的客户直接去业主家敲门，在业主家签约了。签完都没有跟我讲，等我打电话给业主让他来签约的时候，才知道老板把我的单撬了。

这我哪能接受得了呀，当时就在店里哭起来了，哭得蛮伤心绝望的。想着这个行业竞争这么恶劣，我可能真不适合，就哭着跟同学说："我不干了！"

老板也在店里，看到我这个样子，过来跟我解释。她觉得我的客户不一定会买那套房子，因为他没有当场签，要等到第二天，而第二天就有很大概率出现变化。刚好她自己有个客户也想买，能立马签，既然这样，谁能先签谁就签，不然业主跟别的公司的客户签了，竹篮打水一场空。

她说的这些，我在那种情绪激动的状态下根本理解不了，就觉得她不地道，为了私利把我坑了。

后来又是同学出面，说服老板给我分了三千块钱。当时苏州房价不是很高，小公司的佣金又只收一个点，那个单子的业绩到个人手里也就一万多块。这个事情就这么过去了。

等到我在这个行业待了两三年之后，我就能理解老板的做法了。当时换作是我，可能也会那样操作。这个行业竞争太激烈了，每个同行都是竞争对手。从做业务的角度来说，老板那么做有她的道理。现在虽然不一起共事了，我跟她还有联系。

老板抢单风波过后，我又有好多次想逃离。我虽然性格内向，好强心还是有的，心里憋着一股劲儿，如果连续一两个月不开单，就会怀疑自己是不是适合这个行业，就会想放弃。

每次想放弃，同学都会像人生导师一样开导我。他跟我说得最多的一句话是："可能你去做过其他行业以后，还会回到这一行来。"

我坚持做这行，同学坚持帮助我，后来他的身份变成了老公。

摔出来的一单

说实话，我做这行蛮拼的，差不多每天晚上都是店里最后走的一个。

一次，我跟客户约好去看房，在业主家楼下会合。那天下暴雨，我舍不得花钱打车，穿着雨衣骑着电瓶车去。同事们都惊了："你也太拼了吧。"

雨水顺着脸往下淌，我在电瓶车上根本看不清路。我骑到业主家楼下的时候，头发、衣服都淋湿了。客户开车先到，一见我就说："以为你今天过不来了呢。"我说："约好的，不可能不过来。"他有点感动："早知道我开车去接你了。"

业主家在顶层，有个阁楼，木楼梯有两三米长。我们上到阁楼看过之后，又从楼梯下来。我走在前面，刚下了一个台阶，因为鞋底有水，一下子滑倒了。楼梯很陡，我两手乱抓，啥也抓不住，身体平躺着滑下去，滑了一个台阶又一个台阶，越滑越快，有一种滑向深渊的感觉，眼前的一切都在旋转，身后客户和业主的惊呼像从另一个世界传来。我还没叫出来，咚的一声，身体滑到了楼梯下面的地板上，后脑勺重重地磕了一下，眼冒金星。

顾不上疼，我马上从地上爬起来。客户赶紧下来，问我有没有事，我连连摇头："没事，没事。"当时觉得自己出了个大丑，还挺尴尬。过了一会儿，感觉后脑勺火辣辣的，一摸，起了个大包。

客户感慨："你们这个行业确实不容易呀。"他可能于心不忍，看完这套房觉得还行，没看其他房子就直接跟我去店里和业主签约了。

事后一想，我摔这一跤，可能无形中给自己加分了，有点儿因祸得福。当然，最重要的是我的付出客户都看在眼里，将心比心嘛。

两个女人夜行千里，白跑一趟

做我们这行，有时候也会越拼越心酸。

业主许先生卖苏州的房，但他家在枣庄。客户周先生看上了他的房，我打电话给他，约他来苏州谈，他不来，说要是客户能定的话，让我去枣庄送定金。考虑到之前许先生把房产证之类的证件照片都发过来了，有一定的诚意，我决定带上合同，和店长一起开车去枣庄见他。店长也是女的，我们两个女人搭伴，千里赴会。

苏州到枣庄车程近六百公里，我和店长轮流开，一路风尘仆仆，赶到枣庄已是晚上11点多。

到了许先生家，坐下来没聊几句，我们就感觉到不对头——我们一提到合同的细节，他就不聊了，说"缓一缓吧"。我们问为什么，他把话题扯开："这么晚了，要不我给你们在宾馆开个房间，你们先住着，明天白天我们再谈这个事情。"我们说，不住了，准备当晚就回去呢。接着和他聊合同，结果他来了一句："这个合同先不急着签，等我明天去咨询律师，看看还有什么问题。"我们问他觉得合同有什么问题。他提了几点，我们一一解释。

到最后，许先生实在没词儿了，亮了底牌："有一个客户出的价格比你们的客户高。"

我们一听就明白，肯定是同行来抢单了，就问他想加多少。他说加 20 万。

当时已经 12 点多了，我没犹豫，立马给客户周先生打电话。周先生还没睡，听我说了情况，明确表示"不考虑加价"。

我把客户的意思告诉许先生，他撇撇嘴："没关系，那这个事就不谈了吧。"

我一听，心里凉了半截。看店长的神情，她的心态和我差不多。我们一起做最后的努力，跟许先生说起同行抢单的行业潜规则：很多时候，同行手里并没有靠谱的客户，报更高的价格只是为了先把你这一单搅黄，再浑水摸鱼。不过，这些许先生听不进去，他说："反正我的房子不着急卖。"

人家都这么说了，还能怎么办？我和店长对视一眼，难过都写在脸上。

凌晨两三点了，我们开车往回赶。店长的孩子六岁，我的孩子三岁，两个当妈的担心娃，急着回去。

一路上，我和店长一个流着泪开车，一个流着泪沉默。

在一个高速服务区，我俩实在困得不行，在车里睡了两个小时，醒来继续往回赶。上午 11 点多回到苏州，直接开到门店，继续干活。

没过几天，许先生的房子通过其他公司卖了。周先生了解到我们白跑一趟的经历后很感动："不管接下来怎么样，我就找你们买房子，除非我看中的房源你们没有。"过了两个礼拜，他通过我买了另一套房。

类似的事我还经历过一回。住在杭州附近的业主康先生卖苏州的一套房，给我们发来了身份证照片，但是没有房产证照片，他的解释是他正出差，房产证在家里，不方便拍照。我专门去物业查了，房子的产权人确实是他。后来有客户想买他的房子，他也是让我去杭州谈。我和店长一起开车去了，价格都谈好了，要康先生提供房产证的时候，他拿不出来，这才说了实话：房产证在他老婆那儿，他俩正闹离婚呢。一听到这个，我整个人都蒙了，又白跑一趟。

后来，康先生和他老婆协商卖房的事，意见统一了，还是在我手上卖掉了。

这一行，像我们这样白跑一大趟的都不叫事儿。我听说还有人坐几个小时飞机去找业主签合同结果没签成的呢。

我把所有售后工作做好后，同事跳出来抢单

有时候，相比于客户、业主的不靠谱，来自内部的恶意竞争更让人心酸。

有一个客户，其他门店的同事小侯带他母亲看过一套房，但是没谈成。过了四五个月，这个客户找到我，又去看了那套房子，这次成了。结果等我跑完售后，小侯跳出来向区总监告状，说我抢了他的单，这一单的业绩都应该归他。

这种"同客同房"的情况，行业内一般都是有保护期的，比如贝壳找房的保护期是15天，过了15天就可以随便签，15天之内你要签的话，就得分50％的业绩给原经纪人。但糟糕的是，当时公司对于保护期并没有一个明确的规定。区总监挺为难。我对他说，都已经隔好几个月了，如果不是我签，是贝壳平台签的呢，小侯找谁去？

区总监亮出手机上的一张照片，是客户到店里来跟我谈的场景。他说，这是小侯发给他的。

这张照片，可能是店里的同事把我出卖了，也可能是小侯偷拍的。这么说，小侯早就知道这个客户在跟我看房了，但他不吭声，甚至在客户签约的时候也不提，一直到我把所有的售后工作都做好了才跳出来抢单。这么一想，我特别恼火，特别

伤心，特别不能接受。

我的店长也去找区总监理论：小侯当时带的是客户的母亲看房，他们一家确实是要买两套房子，这相当于两组客户，严格说来并不属于"同客同房"，小侯凭什么抢？

可惜没说通。领导的意思是，这一单50％的业绩给小侯，把这事儿了了。结果他还不同意，一定要全部业绩。

小侯是老经纪人，新人干不出这么狠的事儿。

事情发生后，小侯一直没来找我当面谈，都是找领导。他知道，既然已经撕破脸，当领导的为了尽快把事情平息下去，就会要求比较好说话的一方做出妥协。

领导的处理结果是这一单90％的业绩归小侯，给我留了10％，算是跑腿费。

你能想到我的那种心酸吧？

"你再来骚扰我，我报警了！"

2020年，我加盟了贝壳平台的一个德佑门店，入了点儿股份。

贝壳平台的线上作业搞得不错，自由空间大一点，我不用每天守在店里，有点类似独立经纪人，背后又有一个大的资源平台。

不过线上作业再好，要把房子卖出去，最后还是要落到传统的带看、谈判上。还是那个江湖，还是那些人，让人心酸的事还是会遇到。

2020 年底，我接待了客户高先生。高先生四十来岁，看上去很体面。他很难约，只能在下班后看房，还爽约了几次，有时连电话也不接。后来好不容易才约出来。那是我印象中苏州最冷的一个冬天，寒风刺骨的晚上，我，还有一个小孩刚出月子的同事，带他看房看到深夜才回。他说："你们真是挺不容易的。"

第二次带看的时候，高先生看上了一套房子，第一时间就跟我谈中介费。贝壳平台规定收业主两个点、客户一个点，他问我 0.5% 能不能做，我说，业主和客户的中介费加起来低于 2.1% 是不好做的。因为我不知道业主那边能出多少，所以没法给出一个明确的答复："到时候我可以帮您去申请折扣，不过一般没有 0.5% 这么低的。"

"你们同行很多人都跟我讲，0.5% 能做的。"

"如果别人能做，我也可以做。不过现在最重要的是先谈房价，如果房价谈不拢，中介费再便宜都没有意义，对吧?"

高先生坚持要先把中介费的比例确定下来，我给他解释了半天。后来聊到心理价位，他出了一个数，我觉得有戏，就让他下意向金。他没同意，让我先和业主沟通，他第二天再联系我。

第二天，我和业主聊了，感觉双方的心理价位差距不是很大，就联系高先生，约好当天晚上 7 点跟业主面谈。

下午一两点的时候，那套房源的维护经纪人突然来找我："你这个客户，有没有去找其他人谈这套房子？平台另外一个经纪人也带了客户来谈，客户的情况跟你这边的差不多。"我一下愣住了。难道高先生又找了其他经纪人？

我又给高先生打电话，问他按约好的时间来有没有问题。他说："我正想跟你讲，晚上我去不了了，可能要去谈其他的房子。"他的语气有些紧张，一听就是在撒谎。我心里咯噔一下：坏了，他可能会跳单。

我就半开玩笑半认真地挑明了："高先生，您不会是要去谈我带您看的那套房子吧？"

他有点生气："你这么说话就没意思了。"

听他这么说，我一下子觉得他应该不会跳单——他要买的那套房在工业园区，总价三百多万，能买得起这种房子的人，一般都是有素质的。可能他晚上真的去谈其他有意向的房子吧。

不过，店里的一个老经纪人听我说了这个情况，提醒我："他真有可能跳你单。现在有的客户，只看利益，很没良心的。"

听老经纪人这么说，我又拿不准了。怎么办呢？我决定晚上提前去高先生家楼下蹲点。

晚上 6 点多，我到了高先生家楼下，守在一个隐蔽的地方，看他会不会出来找业主。

等到 7 点多，高先生都没有出来。我就回了店，一回去就收到了坏消息：那套房子已经卖了，买家正是高先生，经纪人正是房源维护人说的那个，当天下午签的合同。

我欲哭无泪。贝壳平台有很多小加盟店，那些经纪人的提成点很高，可以给客户返佣，比如把中介费超过 0.5％的部分返给高先生。这样恶意竞争的例子有很多。虽然贝壳平台规定了"同客同房"的 15 天保护期，在保护期内签约经纪人要给原经纪人分 50％业绩，但是如果客户不配合，不承认跟原经纪人看过同一套房子，签约经纪人只需要分 10％业绩。

第二天，我给高先生打电话，直接问他是不是跟别人买了那套房子。他连忙否认。我说我们总部的监察部门已经跟我说了是他买的，他还不承认。我的委屈一下就上来了："要是中介费的原因，您完全可以跟我提。如果我这边确实做不了，您可以再找别人做。您都不跟我提一句，就直接绕过我跳单了，还跳到我的本平台。这真是给我很大的打击，您知道吗？"

他一直不承认跳了单。

我就又去高先生家楼下等他。第一次去，等了两三个小时都没见人影。第二次去才等到了。他和他老婆一起，看到我，很惊讶："你怎么知道我住这儿？"夫妻俩一点儿都不慌张。

我尽量平静地说："高先生，我今天找您有点冒昧，可能打扰到您了。不过我一定要来，您不用再隐瞒了，因为您买那套房子的合同等各种信息我这边都能看到。"

夫妻俩不吭声。我接着说："您跳我单，是我哪里做得不到位，或者哪里得罪您了吗？"

"没有，没有。"高先生说，"你们中介费不是不能便宜吗？"他老婆附和："对呀，就是中介费的问题。"

"您说这个话就没意思了。我说过中介费不能便宜吗？我有直接拒绝给您打折吗？您提中介费的时候，还没有到谈判桌上，我怎么好给您确定具体多少？您后来跟我谈过中介费吗？您给我机会了吗？"我把心中的愤懑一股脑发泄出来。

高先生说："不好意思，以后有朋友买房，我再给你介绍吧。"夫妻俩都不脸红，走了。

谈话的时候我留了个心眼儿，悄悄用手机录了音。回去之后，我把录音提交给公司，作为高先生跟我看过房的证据。事情已经这样了，我至少得拿回50％的业绩。但是公司的人说录音不行，要视频。

我再给高先生打电话："您看我付出了很多，也没有得罪您，请您帮个忙，提供一个您跟我看过房的视频证据，说几句话，自拍就行。"

他口气很硬地拒绝了："什么证据不证据的，你们内部去解决吧，我不想参与这些事。"

我又说了几句，他一下子变得凶巴巴的："我不想听，你不要再讲了。你再来骚扰我，我报警了！"

真的是翻脸比翻书还快。

我把电话挂了。

后来我找到本平台那个抢我单的经纪人，他也很嚣张："你凭什么说客户是先跟你看的？就算客户跟你看的，你找他去呀，找我干吗?！再说你都不是我们区域的，有什么资格来做这个区域的房子?！"

我特别憋屈。辛苦一场，只拿到10％的业绩，又被别人摘了劳动果实。

我没再去找高先生。其实他算这么精，也就省了一万多块。跟这种人较真儿没意义，没必要把自己拉低到像他一样没尊严，还是把精力放在下一个客户身上吧。

我觉得，能发生这种事，主要是行业规则有点儿乱了。应该有一个避免恶意竞争、经纪人维护自身权益的规则体系，不让实在人吃亏。

在这一行，虽然更多的是心酸，但我会坚持做个实在人。做缺德事，我会脸红的。

（部分人物为化名）

采访手记

微信语音采访中，有那么一小会儿，李静的语速放慢，声音放低。随后，她向我道歉："我刚刚可能不在状态，因为收到贝壳平台上一个客户的信息，我如果不及时回复会被处罚，就回复了一下。"

这个温婉的女子是我采访的经纪人中最低调的一个。采访开头的寒暄，她说自己不善言辞，没太大自信接受采访，本想给我推荐其他经纪人。聊到 2018 年她的业绩排在公司第一，她谦称自己运气好："当时比我厉害的角色走了，我才会排上去。"

我开玩笑："你从老家去苏州，不光赚了钱，还赚了个老公，收获多大呀。"她笑了："是啊。"

这个善良的女子，讲起伤害她的那些人，语气平静，不带脏字。

她的微信朋友圈签名是："爱出者爱返，福往者福来。"

我终于懂得卖房子就得说好话做好事

口述人：冯勇（化名），男，生于 1984 年，河北保定人，2006 年入行，现工作地北京。

采访时间：2021 年 1 月 15 日。

2003 年，我高中辍学，到北京闯荡。那个时候就感觉我一定要干点儿大事，但什么是大事，不知道。

　　进入房产经纪行业之后，在电话里被客户骂，我受不了，回撑。

　　签了第一单就膨胀了，之后连续几个月不签单，面临淘汰，又觉得完蛋了，自己不适合干这个。

　　侥幸留下来，又开始天天做梦，要"干大事"，当区经理。干了几年，自以为是，其实狗屁不会。

　　客户太强势，我受不了，拍了桌子，对方朝我扔来一只烟灰缸。

　　当店长时业绩差，虚荣心之下不承认自己不行，脾气暴躁，底下的人都跑光了，我成了光杆司令。

　　重新带团队，培养人，又受不了别人的"背叛"。

　　终于当上区经理，没干多久就干不下去了，下来重新当经纪人。

有一段时间，身体差，情绪坏，觉得别人都对不起我。后来，我学会了换位思考，才理解到别人那么做自有他的道理。

开始创业后，更深地体会到这个行业归根结底是人心的生意，最重要的是情感的连接。

在这个行业，我一次次撕碎自己，终于懂得，先做好人，才能卖好房子。

一心想干大事

一心想干大事的我，最开始在北京干的只是药厂促销员，像电影《当幸福来敲门》里的男主角一样，成天拉着个小拉杆箱，里面装着电脑主机，还有一个骨密度测试仪，往药店跑。我从通州坐公交车到大兴，挨个儿跑药店，虽然辛苦，但我性格比较外向，喜欢跟陌生人打交道，还挺斗志昂扬的。

不过，累死累活，一个月顶多挣两千来块钱。这不是我要干的大事。

2006年10月，有个刚进我爱我家的哥们儿问我："你要不要来我爱我家上班？底薪800块。"我一听，特兴奋——我还以为"我爱我家"是剧组，心想他们招个群众演员还给这么高的底薪，我卖药的底薪才 680 块，这下有出名的机会了。

我把工作辞了，跑去我爱我家的双安管理中心面试。一看，我的心就凉了半截——就是个中介嘛。店长问我知不知道房产中介是干什么的，我说，有一个买房子的人，有一个卖房子的人，我在中间，把他们给介绍成功了，赚取介绍费。他说："你理解的对。"我拍拍胸脯："这活儿我能干。"看在 800 块底薪的份儿上，硬着头皮什么都能干了。

入职之后，带训师让我天天打陌生电话。公司有一个公共客户信息池，我拿着单子挨个打，每天一两百个。

给陌生人打电话，最难的一关就是一定要厚着脸皮。因为打这种电话是不断挑战别人的底线，对方接过很多这样的电话，已经不胜其烦了，很多人态度不好，经常骂人，一定要承受住这些东西。

那时候打电话，我特别紧张，生怕别人说一句粗话。当时锻炼了好久都克服不了这个障碍，这背后是虚荣心还是社交短板，我说不清楚。

被骂多了，我慢慢开始麻木，心态发生了一些变化，态度也强硬了一些，有时候激动起来，甚至撑对方几句，比如："你没有买房需求，干吗要登记电话号码？""你骂我，你没有爸爸妈妈？"

电话打多了，摸到了一些门道，开始推销房子，客户提的问题也能对答如流了，但还是发觉不了他的需求，也不知道通话中关键的最后一句："您什么时候过来看一下房子？"个别客户愿意跟你聊两句是基于他心情不错，但根本就打动不了他。

入职第一个月，非常丧气，喝酒度日，晚上基本上睡不着觉。但是没想过打退堂鼓，因为那时候行业里边很多人月收入已经上万了，对我是个很大的诱惑。别人能干，我也能干。

到第二个月的时候，介绍我进我爱我家的那个哥们儿哭着跟我说他的女朋友被别人撬了，他不想干了，要回老家。那时已入冬，我住的小平房没有暖气，炉子里的火也熄了，屋里很冷，我俩裹着大衣喝了两瓶二锅头。

哥们儿走了，留下我单打独斗。那是我最难的时候。每天早上六点出门，啃着煎饼坐公交车去上班；晚上 10 点到家，在一个小饭馆点一份六块钱的拉条子，这已经是我一天中最好的一顿饭了。

从一天签两单到三月不开单

入职第三个月的第 28 天，那天是我生日，我签了两个买卖单。

第三个月的时候，我终于会在电话里问"您什么时候过来看一下房子"了。凭这招，约了客户齐大哥来看房。

齐大哥三十来岁，高学历，要买婚房，但当时所有的同事都不愿意搭理他。因为他非常会为难人，别人跟他说什么，他都是一句"不行"，这个房子不行，那个房子不行。不过这对我来说无所谓，跟谁打电话不是打。因为他在京城北边的回龙观住，就推了一套更往北的昌平的房子。可能因为便宜，他同意跟我去看看。

　　那是我第一次带看，大老远坐公交车就去了，结果齐大哥看完房子给我一顿损，说"这是啥破房子"。

　　后来又给他推荐了一套回龙观附近的房子。看完房，他就开始刁难我，楼层高、价格贵，这不行那不行。我的带训师就介入了，帮我聊成了这个单子。

　　那天，带训师帮我谈单的同时，区域总监刘洋在帮我谈另一单。那是友谊宾馆附近一套央产房，客户也是我打电话时上的。总监谈判非常厉害，顺利拿下。

　　一天签两单，在行业里是很牛的事，我一下就膨胀了。两个单子一共是 3 万的业绩，提成 10%。底薪涨到了 1000 块。那时快到春节了，我大方地借给一个同事 1000 块，让他回家好好过个年。我心想，钱嘛，肯定会越挣越多。

　　其实当时我完全是个小白，啥都不懂。

　　过完年，我被调到了亚运村的安慧北里店。结果连续三个月一单没签，光顾着跑前两个单子的售后了，啥都得问，补这材料补那材料，效率低。三个月零业绩，面临着被淘汰，心灰意冷，看来自己真不适合干这行。

就在我快绝望的时候，来了转机：北苑家园有个女店长张蓓，来我们这边看房时跟我认识了，她那边正缺人，就跟区经理申请把我调去。领导很痛快就同意了，死马当活马医。

我去张蓓那儿报到，她问我近期有没有靠谱的客户。我说有个岳先生，想买套南北通透的房子，我一直没给他找着。她说慧忠里有。我马上摇头："不行不行，他要安慧北里的，慧忠里离那儿太远了。"其实这两个地方都在亚运村区域，距离并不远。我那时天天垂头丧气的，也不懂得变通。

张蓓让我打个电话给岳先生。我就抱着试试看的心理打了，提到那套慧忠里的房子。他有兴趣跟我去看看。一看就看上了。但不凑巧，业主已经把房子卖了，前一天刚签的合同。我刚看到一点儿希望的火苗就这么熄灭了，很沮丧。

张蓓又帮我找到一套安慧北里的房子，让我当天晚上带岳先生去看。我一慌张忘了问清楚房子的朝向，糊里糊涂就去了。岳先生以为是南北向的，晚上也看不清楚，把业主约过来后才知道房子是东西向的。我傻眼了，以为这下又黄了。

没想到，岳先生因为已经看过很多房子，看疲惫了，觉得这套不错，也不再坚持要南北向的，就签了合同。

当时我就被张店长折服了。去她那儿的第二天，她就帮我签了一单，让我活了下来。

想当区经理的大男孩

这以后，张店长让我干什么我就干什么。她让我每天出去摆房源牌、发宣传单，我要是哪天不去就会挨训。

那会儿我年轻，矫情，在外面摆一阵牌就让同事来换班，自己回店歇会儿。摆牌的时候心不在焉，从来没上过户。

我现在总结，当时就是一个顽皮的男孩，长不大。虽说长在农村，但家境比较富裕，小时候除了天天挨父母的揍，也没吃过苦。我的性格有点好高骛远，才干经纪人没多久，就光想着干大事，当区经理。天天做梦，不知道脚踏实地。

那时候我没有女朋友，每个月的房租加上吃饭，1000 块就搞定了，签个单，拿七八千就觉得自己老有钱了，也没有经济上的压力，天天就那么混着。下班就喝酒；衣服很少洗，穿在身上臭烘烘的；袜子穿脏了也不洗，在阳台上晒两天，没味儿了再接着穿。

业务上，我有个小优势——户型图画得好。有一套房子，看房不方便，我就是通过一张自己手绘的户型图把客户打动了，他没看房就直接定下了。当时我沾沾自喜，觉得自己销售能力强。其实，客户可能在那个小区看过很多房子了，他只想买这个户型，只要楼层、价格合适就行了，室内装修并不是他考虑的重点，所以看不看房也不是那么重要。

做业务时间一长，也有了些经验。比如看房时间就大有讲究：房子没有十全十美的，不同的时间段看，给人的感觉是不同的。比如朝东的房子，要是下午带客户去看，屋里就会比较暗，上午阳光明媚，客户就会有一种幸福感；朝西的房子就下午带客户去看；朝北的房子要晚上带客户去看。再比如，一栋住宅楼的很多套房子租给人办公，上下班高峰期的时候电梯非常挤，所以不能在这两个时间段带客户去看房，不然他会崩溃的。应该在上午 10 点之后带他去看，再跟他解释，住户和办公人群的行动方向是相反的：住户早晨出门上班，下行电梯没什么人；傍晚下班回家，上行电梯没什么人。这就是看房的技巧。

2007 年，我签了 11 个买卖单。有点成绩就自以为是，觉得自己什么都行，其实狗屁不会，税费不会算，收据都不敢开，一有客户业主来签合同就紧张得不行。

那些单，都是张蓓店长帮我谈、帮我签的。

几年后，张蓓成了我的妻子。

两次撕碎自己

2010 年我当店长的时候其实还没长大。那时候干这行四年了，觉得能独当一面，在虚荣心之下，一定要当店长。当时在我爱我家暂时没机会，就去了一家叫润万家的小公司，当上了店长。

我在那儿干了十来个月，手底下七八个经纪人，总共只签了两三单。我作为店长是不称职的，因为发现不了客户业主的真正需求，谈判能力不行，成单率很低。一开始我不承认自己不成熟，还要强装镇定，想掩饰一些东西，但掩饰的时候又没那么自信，情绪很不稳定。

逐渐地，我开始反思自己的业务能力，发现和自己原来的店长差距太大了。

这是我第一次撕碎自己。

后来有个机会，我回到我爱我家当店长。刚开始手底下只有三个经纪人，后来发展到八个。

为了尽快出业绩，证明自己，我管经纪人管得非常厉害：沟通量、带看量这些数据要得非常多，完不成就罚；脾气暴躁，作风强势，我让干什么就得干，必须听我的。

不过，人都会有各自的感受，新人有他看重的面子，老人有他的生活难处，这些都得顾及。当顾及不到的时候，他们就会跟你产生隔阂。然后我就觉得要杀鸡儆猴，要维护威严，就把不服的人开掉。有的人看不惯，自己走掉了。到最后，八个经纪人全离开了，我成了光杆司令。

这时候，我开始反思自己的管理能力：为什么这个人原来是朋友，现在离我而去？为什么这个人跟我没挣到钱？跟别人发生冲突时，到底是人家不适合我，还是我不适合人家？我对人这么严厉，动不动就要干掉这个干掉那个，会不会让人没有安全感？处理别人工作上的懒惰或瑕疵时，我是不是不能包容对方？

一反思，才发现自己确实有问题。

这是我第二次撕碎自己。

我对客户拍桌子

刚回到我爱我家当店长的时候，我经历了从业经历中印象最深刻的一次谈单。

当时在店里的会议室，客户冯姐比我大一岁，控制型人格，就是我必须得听她的，我就是为她服务的，脾气贼大。和业主的谈判过程中，对好多细节，比如房价、付款方式、中介费比例，她都表现得非常强硬，给人很大的压迫感，压得我喘不过气来。我心想，这人怎么这么难缠啊？我那会儿比较年轻，压不住阵，心里憋了一股火。

说到交房问题，冯姐想早点儿收房，但是那套房原本有租户，租期还没到。她用一种颐指气使的口气对我说："去给那个租户免费找一套房子住，这是你的事儿！"

这句话彻底把我点燃了。我又不是你的仆人，哪有这么霸道的？我的火气噌噌往上升，忍不住吼了一声："我欠你的吗?!"一边吼一边狠狠地拍了一下桌子，响声大得把一屋人都惊了。

冯姐的脸上闪过一丝恐惧的神色，愣了一下，抄起桌上的烟灰缸就朝我脑袋砸过来。这一切发生得太快了，我来不及反应，几乎是凭本能躲了一下，只听咣当一声，烟灰缸砸到墙上，又重重地摔在地上。我吓出一身冷汗，脑子里一片空白，只听到冯姐尖厉的声音："你凭啥对我拍桌子?!"

店里的同事都过来了。我站起身盯着冯姐，眼里冒着火，很想揍她一顿。两个同事很快把我抱住，拉到会议室外面去了。冯姐哇地哭了。

后来我冷静下来，跟冯姐道了个歉。她接受了，把合同也签了，没再提无理要求。

我给那个租户找了一套出租的房子，没收中介费。这个事就这么了了。

后来我老跟手底下的经纪人讲这个事，作为反面教材。我也一直提醒自己：做管理者，首先要学会管理自己的情绪。

第三次撕碎自己

变成光杆司令，相当于一次清零。

重新招人，3 个，5 个，10 个，一直招到 17 个。我心想，现在要大干一场了。

结果因为公司开新店，急需用人，把我招的人抽走了一半，我手底下只剩了八九个人。

有了前两次带店失败的教训，现在我变得圆滑了一点儿。在工作方法上，我柔和了很多，比如对公司规定的基础工作我还是会要数据，但是没那么严苛了，学会了适当的变通。我懂得了要给新人安全感，会借钱给生活费不够的新人，给大家买早餐，带他们去聚餐、K 歌，以一个好大哥的形象从生活上关心他们，彼此之间的感情自然就贴近了。

这么一改变，团队的凝聚力强了，成单率高了，业绩出来了，我自己的业务能力也有了很大提升。举个例子吧。一套房子，业主报价 1000 万，客户出 850 万。你在跟业主沟通的时候要反复试探、确认。如果他得知了客户的报价，不同意跟对方谈，你就问："客户愿意加钱的话，你可不可以面谈？"他可能会说："如果他加钱，可以谈，但是低于 950 万我不会卖。"这样就通过试探摸清了他的底。然后你再跟客户沟通，说业主不愁买家，因为现在市场上不是只有我们一家中介，这套房子可能有各家中介的几百个经纪人同时在推，潜在买家有十来个。"你加钱的话，业主愿意跟你见面。"他可能会考虑，你再反复跟他确认。如果他愿意加钱，你问："如果业主 950 万卖给你，你买不买？"如果他不愿意买，你再问："虽然有差价，但是可以在谈判桌上谈，你愿不愿意和业主面谈？"他说，那行，见一面吧。你再问业主："客户愿意加钱，不过 950 万这个价格你还能不能再让一些？"如果他坚决不让，那你就跟客户说："不急，我们先等一等。"为什么？因为这是一个心理的博弈。你要现在让客户去见业主，肯定得把价格加到业主满意为止。不如不见，先晾他一下。当然，你要给客户分析业主的心态，并且建议客户适当再加点儿钱，不加的话房子可能就不在了。两天过后，因为买卖双方也会得到别的信息，各自的心态都会做些调整，这时再和业主沟通。业主说，950 万的价格还可以再低一点儿。你说："要不这样，我约客户来面谈，建议他带着定金过来，如果价钱合适，咱们就当场签约。"这时候，业主觉得你这个客户确实是有诚意的，"那就见见面，实在不行我就再让一些吧"。没准儿这个单就这么成了。

但是，也有很多意外情况。在房价涨得特别快的时期，可能突然有一个其他公司的经纪人跟业主打电话说："你这套房子 950 万卖亏了吧？我这边有客户，没准儿还能往上加呢。"那业主的心态就会有变化。这时候，如果客户不加钱，你就得把客户晾两天，客户就会慌了。其实你只是给了他一个暗示，让他想清楚后果。如果最后房子被其他公司卖掉，他会怪你，那你就赶紧说："大哥对不起，我帮你找其他房子。"为了成交，就算他骂你，你也要学会服软和道歉，学会给对方台阶下，让对方满意你的态度。做销售如果态度不行，就什么都不行。

做业务经常会遇到一种情况：一个客户你带了很久，结果被别人签了。有的同行就咽不下这口气，比如以前有家公司叫中大恒基，他们的一些经纪人恐吓客户："必须跟我买，要不我就收拾你。"其实在我看来，可能这一单你被别人抢了，下一次别人的单又交给你了，这就是一个大的生态系统。一年到头算下来，虽然你丢了几单，但收入并不比上一年差。这个生态系统就是这么循环的。但是好多新人发现不了这个生态系统，丢了单，就会沮丧，崩溃，活不下来了。

把这些事想明白，做起业务来自然就轻松多了。

我悟出了一点：做专业服务，情商一定要专业。我的情商并不高，但是因为一直在琢磨工作上的事情，情商很专业。也就是说，会根据客户业主的不同情况采取不同对策。比如，经纪人在工作中也会掺入个人感情，他跟客户沟通时间长就会向着客户，他跟业主聊得顺畅就会向着业主。我就让两个分别更了解客户和业主的经纪人搭档，这样成单率就会更高。

另外，我还有一种心态：如果我培养不出接班人，我就当不了区经理。我得有自己的后备力量。

拥有足够的后备力量才能往上走，这属于行业的生态系统。不过大多数店长都没有这个觉悟，他们把后备力量都给淹死了，因为他们不去帮助经纪人成长，一门心思想让经纪人给他们出业绩赚钱，还要防着经纪人超过自己，要把人家踩着。

当然，这些店长这么做也有他们的理由。这个行业有个劣根性，就是你培养出来的不一定是你的人。

一个经纪人的成长过程，大体是这样：一开始对店长是仰视，后来是平视，再后来是俯视。做了些业绩，就觉得自己很牛了，比店长强了。

做店长的，必须学会对经纪人的情绪管理，你要去洞察他的情绪，管理他的情绪，帮助他排解不良情绪。在业务上，你不能让他自生自灭，必须要帮他把手上的资源和公司的资源匹配，不然人家跟着你就没劲，就会对你有所怀疑，一旦他成功了，就会觉得你不如他。所以你要尊重每个人的成长空间，如果他在你手下没有成长空间，就像温室里的树长大了以后不把它挪到外面去，它就只有死。

所以当时我就开始培养后备店长，培养了很多个。这里面有我的私心，那就是我要当区经理。我要成长，别人也得成长，不然只能死掉。

不过，理想和现实总是有很大的差距。培养完人以后才发现，你培养的人并不是你的人，他有独立人格，有自己的想法，他可能要去单干，可能要去其他地区发展，不会追随你。

这么一来，我的心里就有了落差，觉得费心培养的这些人背叛了我。

后来才想明白，他们有更大的发展，是对你帮助他们成长的最好回报。

这是我第三次撕碎自己。

第四次撕碎自己

2014年，我终于当上了梦寐以求的区经理，不过是在离家很远的丰台。可能领导觉得我还是太年轻吧，不用又说不过去，就把我扔到那边去了。

我培养的后备店长一个都没带过去。因为店长也离不开业务，到了一个新片区，光跑盘就要半年，怎么去管理别人？去了以后就相当于移植的是盆景而不是一棵大树，没有足够的根吸收养分。所以，我如果把培养的人弄过去，其实是害了他们。那些为了保证绝对权力把自己人带过去的都是尿包，不会有多高的威信。

我是抱着镀金的心态去的。就像挂职干部，镀完金回来，不就更受重用了吗？

去了以后，我花了很多自己的钱搞团队建设，比如给经纪人、店经理设立奖金，三天两头搞团队聚餐。在管理上，我很少再发脾气。当然，有时候为了推动工作，也会借题发挥一下。我发现，当领导的如果脾气太好，工作反而不好推动，不专权一点儿、霸道一点儿，真的玩不转。

不巧的是，当时正赶上市场低谷期，成交量很不活跃，人心也比较难聚起来。

区域业绩做不起来，我每个月都在贴钱。又因为离家远，每天上下班来回四个小时，成本非常高。再加上每天开会到晚上 11 点，根本没法儿照顾家庭，也影响夫妻感情。我动了从区经理位置下来回原区域的心思，却又很难下这个决心。我一入行就想"干大事"，现在好不容易上去了，要主动下来，舍不得啊。但这么熬下去也不是办法，我总得生活。当时内心太挣扎了。

挣扎了三个月，我做出决定：不当区经理了，回原区域重新当经纪人。

回去的时候，同事问我原因，我啥也没说。这个时候，不管你说什么，都只是一个失败者的借口而已。

回去干了一个月经纪人，我又开始带店。不久之后，我因为情绪一直不太好，加上跟领导有了些隔阂，就离职了。

我在家休息了一年。因为长时间内心压抑，我生病了。很委屈，很心疼自己，见人就抱怨谁谁对我不公平，谁谁对我不仗义，觉得别人都对不起我。

病治好后，我开始健身。我发现人的身体好了以后思想也会发生变化，会变成一个强者。我学会了换位思考，站在别人的角度去想，人家做的可能不高明，但是没有错。我也重新审视自己，发现自己品格并不高尚。我不是一个好人，也不是一个坏人。我不能再用好坏去定义一个人，这个世界不是非黑即白的，有很多灰色地带，不能用极端的眼光去看，要学会接受别人和自己的不完美。这个时候，我豁然开朗，心态阳光了，思想升华了，和妻子的交流也变得和顺了。

这是我第四次撕碎自己。

人的故事，大于房子的故事

每撕碎自己一次，都是人生境界的一次提升。

又一次撕碎自己后，我和妻子一起开了个房产中介的店面，实行员工合伙制，相当于一个独立经纪人联合体。因为人少，我什么都做，重新回到了当经纪人的那种状态。

现在的行业生态，和十多年前我刚入行的时候相比已经发生了很大的变化。链家能成为行业老大，因为它是把传统业务和互联网衔接得最好的，平台做得更优秀了，业务标准化、流程化，改变了传统的作业方式，给经纪人的支持更多了。

有链家这样的庞然大物存在，是不是小公司就没有活路了？也不是。这个行业里，虽然公司很重要，但是经纪人最重要，因为做事的人是核心。卖房子是一种带有人文色彩的综合服务，是一门情感的生意，要靠心的连接。人工智能再发达，也不能代替经纪人的情感纽带作用。

所以，在这一行，就是要说好话，做好事。

在这一行干得越久，越懂得行业的生态系统是共赢共生的。我们现在和很多同行都有合作，一些大公司做不了的单子，我们能做。有些客户就认我们，觉得我们专业，收费还低。

在这个行业，人的故事，大于房子的故事。我这个老经纪人兼创业小白的故事，未完待续。

（部分人物为化名）

采访手记

冯勇很帅。作为经纪人颜值担当，他的照片曾经挂在我爱我家公司总部的墙上。

冯勇学过音乐，是标准的"麦霸"。而在访谈中聊到这些，他笑着摆摆手："好汉不提当年勇。"

他现在更喜欢讲故事。他给同事讲过一个他早年去德云社应聘的故事："要不是我要的工资比岳云鹏高，我就被留下来当角儿啦。"同事信以为真，他呵呵笑。

"会讲故事才能卖好房子。"他说。

接到采访邀请，他"特别愿意来说说"。他想把自己在这个行业的故事讲出来，因为可能会对同行有帮助，"但也可能会有人说我在卖弄"。

他是我采访的经纪人中内心戏最多的一个。

讲到刚入行时的不踏实，他说他当店长以后发现像自己这样的孩子特别多，因此给新人的成长期都很长。

讲到曾经脾气暴躁，他说自己愣头愣脑，情商低，"同事不爱搭理你，客户业主更不爱搭理你，你是谁啊？"

他一边讲自己的故事，一边无情剖析自己，归结为一句："你是谁啊？"

在这样的灵魂拷问中，在一次次撕碎自己的过程中，他成长为一个真正的男人。在我看来，这就是他干成的大事。

我是做业务不设限的"拼命三娘"

口述人：黎丹秀（化名），女，生于1983年，福建漳州人，2010年入行，现工作地厦门。

采访时间：2021年3月17日。

我在工作中喜欢说一个词：不设限。什么是不设限？就是为了签单，不给自己设任何限制，不放过一丝一毫的机会。

我是带着激情和梦想进入房产中介行业的。我追逐的始终是冠军梦。我的词典里没有"失败"二字。我带的客户，绝不允许他在别的经纪人手里成交。

在公司里，别人都叫我"拼命三娘"。如果我是第二拼，没人敢说自己是第一拼。

我天生就是干这行的。我要带领团队创造这个行业的吉尼斯纪录。

不信？听完我的故事，你就信了。

我干这行有悟性

我是老销售了。最早在厦门一家卖鞋包的连锁门店，后来被调到广州负责整个公司的采购，再后来自己创业，做鞋子批发贸易。

在广州的时候，我就跟房产结缘了。那时我在鞋城找档口，中介提供的资源有限，我就自己找。看到不错的就侧面打听是不是出租，后来接手了一个比较理想的档口。可能我在这方面有悟性吧，平时留心打听这类信息，再分享出去。我做采购的时候经常在各个商场走动，跟很多供应商打交道，有时人家问我知不知道哪儿有好一点儿的店面、仓库出租，我就把自己掌握的信息提供给对方，相当于做了中介的工作。中介以为我是在抢他们的饭碗，其实我是业余的，纯粹是出于热心帮帮朋友。

一天，鞋城里做中介的梁阿姨来找我。梁阿姨六七十岁，人脉广，很多来租店面的人都找她。她没开店，自身就是一块活招牌。她跟我说："你这小姑娘还挺有灵气的，跟我合作吧，有什么信息就告诉我，成交之后，我给你茶水费。"

我没答应。我有生意要做，不想分太多心。

在广州做了几年生意，我回到厦门。本来还想做老本行，但没有好的机会。那时候，我发现厦门的房产中介门店越来越多，就去了解这个行业，越了解越兴奋。我跟我妈一聊，她说："其实你还蛮适合做房产销售的啊。"这话说到了我心坎上。

我去一家小房产中介公司应聘。三个人一起面试我，后来才知道是三个店长，他们都想要我，因为我有销售经验嘛。

我在这家小公司只待了不到一个礼拜。我希望公司的整体形象是比较正规、专业化的，工作氛围是比较有劲儿的，这家小公司让我找不到那样的感觉。

经过一番认真的考察，我选择了一家房产中介连锁公司。2010 年 11 月 27 日入职。

2011 年元旦，我们这批新人的岗前培训班开班，班主任是刚从福州调来厦门分公司的副总经理。

岗前培训完下店，开始跑盘。每天店经理安排的跑盘任务，我都要超额完成，画的楼栋图上写得密密麻麻，想早一点儿进入业务状态。

在跑盘过程中，正好我妈的一个好姐妹宋阿姨有买房计划，我就以朋友兼新经纪人的身份陪她去看房，既是学习，也是工作。宋阿姨看中了一套便宜的房子，但我一考察，那个楼盘所在地原来是墓地，建议她再看看其他房子。她听了。

我就想，干这行，得做个有心人。

管他是陌生人还是老总

宋阿姨的房子还没找好呢，我就签了第一个买卖单。

有个小区，虽然没电梯，但是公摊小，户型南北通透，房价也便宜，我很看好，就找到了小区物业的工作人员高姐。她也是闽南人，我用家乡话跟她一聊就拉近了彼此距离。我跟她说，如果小区里有业主要卖房，请她把信息分享给我，成交之后我会"感谢"她的。她一听就明白了我的意思，满口答应。

没过几天，高姐给我打电话说，有个平时住在莆田的业主想卖房，可能这两天来厦门，如果他来了会介绍给我认识。我一听就来劲儿了，等不及她给我介绍，就跑到那个小区去。

到了小区物业管理处，正要推门进去，听到门口一对老夫妻正在聊房子的事，我脑子里闪过第六感：不会就是他们要卖房吧？

犹豫了一下，我想，管他呢，问一句也不吃亏。就跟他们打招呼："叔叔阿姨，你们是这儿的业主吧？"

他们点头。我说："我刚无意中听到你们聊房子，你们是准备卖房吗？"

他们有点意外。阿姨说："对呀，你怎么知道的？"

我心中一喜，表明了自己的身份。"听高姐说你们这两天会过来，没想到直接碰上了，真是有缘啊。"

话匣子一打开，接下来的事就好办了。叔叔阿姨带我参观了他们的房子，签了独家委托协议。哎呀，我当时太开心了，刚从业就开发了一套独家房源出来，简直比捡了 100 万还兴奋。

叔叔阿姨想换套大点儿的房子，我赶紧叫师兄师姐推荐房源。其中一套，夫妻俩看上了，店经理出马帮我谈单，很顺利就签了。那天是 2011 年 1 月 16 日。

这种连环单，一般是先卖后买，这次有点特殊，先买后卖。因为有付款周期，所以叔叔阿姨的房子要尽快卖掉，才有足够的资金来支付买的这套房子的首付款，他们对卖价的期望值就不敢太高，比原来的预期降了一点。

为了赶紧帮叔叔阿姨卖掉房子，我发动店里同事帮我约客户，甚至带岗前培训时教过我的副总去看房。

副总只比我大一岁，来厦门后有买房计划。我也不设限，直接去找他，提到叔叔阿姨那套房子："这么好的房子，业主着急卖，价格也降了，你一定要去看看！"

副总跟我去看了房。因为是做自家老总的生意，我直接把业主的底价报给他。没想到这老江湖砍出了一个非常低的价格，差不多砍了 50 万。如果是这个价格，肯定有一堆人排队买。

我琢磨了一下，副总出这么低的价，可能有两个原因：第一，他对房子不是那么的喜欢；第二，他想考验一下我的议价能力。

我想好了措辞，才给叔叔打电话："有好几个客户都看上您家的房子了，包括我们副总，就是价格出得太低了。我真不敢给您打电话，我怕您觉得我为了成交有意压价，会不高兴。您放心，我肯定会为您着想，卖出一个合理的价格。那些出得太低的价格，我会直接帮您回绝掉。"

叔叔问："他们出到多少？"

我小心翼翼地报出副总的出价。

不出所料，叔叔回复：这个价格，肯定不卖。

接下来，我挨个儿给其他店的同事打电话、发信息，拜托他们带客户去看叔叔阿姨的房子，还去那个小区附近摆牌。

功夫不负有心人，没过多久，一个同事就带客户来签约了。

我马上把工作重心转回宋阿姨身上。新开发出一套好房子，我很兴奋，先问副总，他说不考虑，我就带宋阿姨去看。她看上了，但是首付不够。我妈及时站出来，借了她一部分款项，就成了。我妈在帮她，也在帮我。

那是 2011 年 2 月，开始做业务的第二个月，我的业绩排到了厦门分公司第二名，跟冠军只差几千块。我更多的不是开心，而是遗憾，因为我去参加弟弟的婚礼，结果一个客户找其他经纪人签了单。我反省了一下，觉得还是自己的服务做得不到位，不然客户不管怎样都只认我。我做了个总结：你只要用心服务好客户，他跟谁去看房都不重要，因为最后都会在你手上成交。

我看到客户就像狼看到食物

我是带着梦想进入房产中介行业的，把这个工作当作一份事业在做，一干起活来就浑身是劲儿。因为比较执着，性格又比较急，同事说我像风一样。

我每天早晨 8 点上班，晚上 10 点以后下班，总觉得时间不够用。在店里，我只做两件事：不是在电脑前配房源，就是在打电话。我的声音因为打的电话太多了，慢慢沙哑了。我的包包里，除了一只口红，其余全是工作用的东西：客户本、房源本、工作笔记本、鞋套。客户本因为经常翻，都脱皮了，破破烂烂的。

我发自内心地热爱卖房这件事。只要看到一套很棒的房子，我就有一种说不出来的兴奋感和力量感，并且会把这种感觉传递给客户。"哥们儿，这套房子，如果我的钱够，我就买了。你一定要抽时间过来看，没看中没关系，最多就浪费你一点时间嘛。如果你不来，很可能就错过了一个赚钱的机会。赶紧来!"我的那种激动，那种热情，对方一定感受得到，他的心一定会被撩起来。

我真的是站在客户的角度为他考虑。跟他聊完，知道他的需求后，我会花很多时间为他配房源，拿出笔记本，一记好几页。为了节约客户时间，我甚至会提前去看房，拍些照片和视频，再给他打电话：哪几套我感觉不合适，帮你排除了；哪几套跟你的需求比较匹配。看房的时候，我会提醒客户：这套房子不管你看没看中，都不要表现出来，不然有的业主抓住你的心理就地涨价。遇到特别实在的客户，我会直接把业主的底价报给他。在谈判阶段，我会帮钱没到位的客户争取更长的付款周期。这样，客户会感受到你确实在帮他，感受到你的用心，他会感动，会更信任你，会把最真实的想法告诉你，你的成单率也会更高。

将心比心，我知道一般的客户买套房有多么不容易。印象深刻的一个客户，比我还年轻一点儿，第一次买房，一部分资金是家里给的。在合同上签字的时候，他的嘴唇在抖，手上的肌肉也在抖。人生中最大宗的一笔交易，紧张也很正常。作为经纪人，从专业的角度给他帮助，给他信心，多重要啊。

做业务，除了要有热情，要用心，还要不设限。只要你主动去问人家，你就多了一个机会。

说实话，一看到客户我就兴奋，像狼看到食物一样。

一天，在街边看到一个大姐跟其他公司的经纪人挥手说了拜拜，准备离开，我感觉她有买房的需求，就过去搭讪。一聊，发现她确实是靠谱的客户。我俩越聊越投缘，她竟然跟我聊起了个人感情上的事。后来，她在我手上买了一套房子。

我很多单子都是在这种不设限的情况下签成的。只要有一点点机会，我都会抓住；甚至有时候没有机会，我也会去创造机会。我相信吸引力法则，一件事，只要你敢想，就有成的可能。

被流氓同行围攻

我特别难忘的一个单子，服务的是一个"C客"，也就是垃圾客户。

客户姓费，跟我年纪相仿，跑轮船的，首付款有限，要求还苛刻，买自住为主、投资为辅的房子，又要户型好，又要总价低，甚至要比炒房客拿到的价格更低，说白了，就想捡漏。好几个同事带过他，都说这种客户早就该放弃，太浪费时间了。

但是我不在乎这些。那是 2011 年，我还没当店长，骑着一个电动车，不管刮风下雨，带着他在厦门岛内到处看房，前前后后看了不下 50 套。

我是男孩子性格，跟费哥接触久了，我们处得像哥们儿一样，聊工作，聊生活，一聊就是几个钟头，无话不谈。当时他没对象，我也没对象，有一次他开玩笑说："要不咱俩凑一对儿吧。"我就呵呵笑。

后来有一天，我打电话给费哥，约他去看房，他吞吞吐吐的。我问："你房子买到啦?"他说："还没有……"欲言又止。我有点急了："是买到了吗? 买到也没关系，只能说明我服务还不到位，你连这个机会都不留给我喽。"他急忙辩解："不是这样的!"匆匆挂了电话。

过了一会儿，费哥又给我回了电话："想想还是心里不安，跟你说实话吧，我在网上看中了一家中介在卖的一套房子，跟那家公司的人去看了，被他们忽悠着糊里糊涂下了 4 万块意向金。"我心里一下就炸了。只听他继续说："你带我看了一年房，我如果没跟你买，都不知道怎么面对你。"

我迅速整理了一下情绪，给他也是给自己打气："只要没签合同，没下定金，一切还有机会。只要你想把生意给我做，哪怕你下了意向金，没事，我有办法啊。"

费哥看中的那套房子，我们也在卖，但是因为房子里有租客，租客不配合看房，所以开发房源的师兄没有主推。我跟师兄说，我们公司的房源被其他公司卖了，我绝对不能让这样的事情发生。师兄有点丧气，觉得这事多半没戏了。我很强硬："不行！只要还有一丝希望，这个客户就一定要在我手上成交。我服务他这么久，结果让别人成交了，业绩是另一回事，这是打我的脸啊！"师兄比较消极，我看着来气，凶了他好几回。

我约上费哥和师兄，一起去敲那套房子的门。没人开门。刚好其他楼层有一套同户型的房子在装修，我们进去看了。

刚看完房，费哥交意向金的那家中介公司的两个同行也来了，在小区碰到，他们一见我们像见到了仇家："这个客户是我们的，定金都下了，你们凭啥抢单?!"我也不客气："那是意向金好不好？没签合同，哪来的定金？这个客户我已经带了一年，你们说是谁的?!"

气氛一下就紧张了。对方打了一个电话，很快就来了六七个人把我们围住了。这伙人虽然也是西装革履，但感觉痞痞的，一副流氓样儿，怒气冲冲，随时准备动手。

战场已经形成。对方十来个，我们只有三个，我是女的，师兄文文弱弱，费哥战战兢兢，敌众我寡，打起来我们肯定吃亏。怎么办？

千钧一发的时刻，我告诉自己：千万要沉住气，不能硬来，要智取。

我对这伙人缓和了口气："大家都是同行，有话好好说。这个客户是我哥。"我指着费哥，对他递了个眼色。他心领神会，点点头："对，她是我妹妹。"我接着说："这样吧，我们公平竞争，看业主愿意把房子交给谁来卖。"

这话一说出来，这伙人都不吭声了。我看为首的那个皱着眉头，脑子里闪过一个念头：也许他们对业主的把握没那么强！

我一下就有了主意：赶紧联系业主，稳住他，让他只认可、相信我们，并且给一个比较好的价格来我们这边成交。这样，费哥和我们都解围了。

我找师兄要来业主的电话号码，跟他通话，说了客户的情况，着重介绍了我们公司的品牌、规模和专业度，表达了合作的诚意。业主听进去了。对比之下，他也感觉到那家中介的人比较滑头，没那么靠谱。最后，他决定把房子交给我们卖。

我们的对手也给业主打电话，但是已经没用了。一伙人都蔫了。

费哥后来跟我说，和这伙人对峙的时候，他被我的气势震住了。"哇，你那时候太有激情了！"他宁愿损失那4万块的意向金，也不愿意把上百万的房款交到小中介手上承担风险。

还好，后来那家小中介把费哥的4万块意向金退给了他。

在我们的一手促成下，费哥和业主签了约。

因为我在情急之下凶了师兄，跟他道歉。他没介意："我真的是被你骂醒了，做业务，就应该像你这样。我还要感谢你帮我把一套 C 类房源签成了呢。"

我给费哥申请了最优惠的佣金折扣。我这么用心服务，按理说佣金不用打一分钱折，但是从同理心出发，费哥资金比较紧张，加上朋友情分，能帮就帮呗。

签完约，我就催着费哥交佣金。因为公司的制度是签约当月即收佣，就会提升经纪人的业绩排名。不过费哥说他的资金在理财账户里暂时取不出来，手头没钱，一直拖着没交。

眼看着到月底了，我心急如焚。有天做完会展拓展，骑电动车回店，后座上还带了个女同事，我边骑边把手机夹在肩膀和耳朵之间给费哥打电话："我这个人对名誉看得重，你这一单的佣金赶紧刷进来，我有可能会拿下公司的月度业绩冠军，你一定要支持我！"

费哥还在推脱，我骑车路过一个 BRT 站，那儿有个上坡，前面有一辆的士，后面跟着一辆的士，左边又来了一辆的士，躲不过就会发生车祸，我只能往右转。因为转得太急，车子撞到了路边的护栏，侧翻了，我、同事、手机都摔到地上。我挣扎着起身，身上疼得不行，眼角也青了。同事从地上爬起来，问我有事没，我说没事。

当时电话还没挂，费哥在那边"喂喂喂"。我捡起手机说："我刚才出车祸了。"费哥笑了笑："小黎你也真是的，为了收佣金，编个什么理由不好，编这个，谁信啊？好了好了，过几天我把佣金打过去，你放心，不会少你的。"

同事是个湖南妹子，性格蛮烈的，抓过我的手机，气呼呼地说："你这人怎么这样子啊？我们确实出车祸了，黎姐受伤了，你还说她编理由。黎姐对你够可以了，你就不能支持一下吗？"

费哥还是那句：过几天再打款。

那天晚上，我躺在床上，疼得感觉要瘫痪了。整晚睡不着，想着如果费哥的佣金在月底收不进来，我的冠军梦又要泡汤了。

第二天一早，我疼得起不了床，给店经理打电话请假，说明了事情经过。店经理气不过，给费哥打电话："人家丹秀服务你不容易啊，昨天为了追你的佣金出车祸了，现在还躺在床上动不了呢，你居然还说她是装的！装什么不好，有谁会诅咒自己出车祸？即使没这个事，你也应该支持她一下。你跟她接触这么久，应该知道她这个人的荣誉感是极强的，为了这个冠军，她付出了多少努力。这个时候，你怎么能拖她后腿呢？"

费哥还是将信将疑。没办法，我把眼角肿起来的自拍发过去，他才信了。我在电话里跟他说："你同情我也好，可怜我也好，反正你一定要支持我的这个冠军梦！"

"我手头真的没这么多钱。"费哥都快哭了。

"我不管那么多，反正你去想办法，找朋友周转一下，几万块总有的。"我的口气很坚决。

费哥真的去找朋友借了一笔钱，把佣金如数打过来了。

佣金到账后，我给费哥打电话："真的谢谢你的支持。这个冠军对我来说，比生命还重要！"

可惜，我没高兴多久，就得知了一个扎心的消息：一个同事刚又签了一单，月度业绩超过我了。

不行，我不服输，我必须圆冠军梦！趁月底最后一点儿时间，我翻开客户本，把有可能成交的客户都过了一遍，正要陷入绝望的时候，忽然想到了副总。对，就找他！他是我唯一的希望了。

我马上联系副总，约他去看一套性价比很高的房子。副总架不住我的热情，同意了。当时已经是晚上了，我为了掩盖眼角的伤，戴了一副墨镜出门。

很遗憾，这次副总又没看上。

又一次与冠军擦肩而过，我一直哭。

公司给月度业绩优秀的经纪人颁奖，我上台领奖的时候也戴着墨镜，掩盖的除了外伤，还有内伤。

后来，我又有很多次得过公司月度业绩前十名，却没有一个冠军。

费哥买房几年后结婚了，邀请我参加婚礼。我去了。他们一家人都知道我，一直夸我，夸得我都有点不好意思了。

2020 年，费哥的妹妹买房，我当时一边坐月子一边还帮她跟业主谈价格呢。

我想换一种方式拼

我是标准的"女汉子"。当店经理的时候，我一边带团队，一边带客户。一次，我同时约了 8 组客户看房，一个人忙不过来，让团队伙伴帮我带几组。还有一次，我花两千块包了一辆车，连夜赶到福建龙岩去签单。签完已是半夜了，我顾不上休息，又搭车回厦门，直接去公司上班。

拼的时间长了，我的身体出了状况。2017 年，公司组织体检，要求空腹，我检查的时候快到中午了，可能因为滴水未进，体力不支，一下就晕倒了。醒来的时候，发现同事们都围着我。这以后，我又晕倒了四五次，有一次甚至伴发抽搐，急救车直接开到公司把我接走了。到医院检查，又查不出什么问题。后来一位中医跟我说，我这种情况是身体透支，没有休息好，营养没跟上，脑供血不足导致的短暂昏厥。吃了一段时间中药，没再发生晕倒现象。

因为身体弱，我前两年一直是半工作半休假状态。2021 年 2 月，我离职了，暂时做独立经纪人。

今后，我想换一种方式拼。以前带店的时候，我是既当爹又当娘，还当保姆，身兼数职，太累了。今后我要学会授权，做好时间管理。

冠军梦，我没丢。我有一个心愿：在一个新的平台，培养出很多个冠军经纪人，带领我的团队创造房产经纪业的吉尼斯纪录。只有这样，才对得起我以往所有的努力。我想代表那些付出全部、默默无闻的同行，站上荣耀的舞台。

他们应该被更多人看见，听见。我的故事，也是他们的故事。

做个总结发言吧：其实，不光是卖房子，我们的人生，也应该是不设限的。

（部分人物为化名）

采访手记

微信语音采访从晚上 8 点多持续到凌晨。如果不是我打住，我毫不怀疑黎丹秀会聊一个通宵。

"这点时间远远不够啊，我的从业经历都可以拍一部电视剧了。"她的声音里有一种充满感染力的激情。我完全能想象，在平时的工作中，她是怎样展现这种激情的。

"我的精力真的比男生还旺盛。一聊起工作我就滔滔不绝，非常兴奋。"她说她很享受那种"一手握两方的成就感"。

对于经纪人生涯的"上半场"，她坦承是在"拿命换收入"。正因如此，她才特别希望我能帮她传递一个心声：在这个行业，最辛苦的是直接服务客户的经纪人，但佣金收入的大头都被公司管理层拿走了，经纪人的回报与付出相比，真的是杯水车薪。应该给他们一个更舒心的工作环境，给他们一份更合理的回报。"我觉得我有必要站出来为他们讨个公道。"

确实，她自带主角光环——没有机会，创造机会；没有光，自己便是光。

在这个利益角斗场，我把每一单都做成艺术品

口述人：刘睿文，女，生于 1980 年，河南登封人，2005 年入行，现工作地北京。

采访时间：2021 年 2 月 14 日。

2005 年春天，我租房时被一家小中介骗了。

我在那家小中介交了 300 块看房费，他们承诺一直带我看房，直到找到合适的房子为止。找到房子，再交佣金。

他们总共带我看了两套房：一套一层，门锁没打开；一套顶层，里面特别破特别脏。他们说，等有合适的房子再通知我。这一等就没音儿了，我找他们退钱。他们不退，说带我看房了。

2005 年夏天，我带着满腔热情和成为受人尊敬的房产经纪人的梦想进入这个行业。作为一个一直为梦想而活着的人，梦想就是我人生的方向。从一开始，我就有一种信念：可以在这个行业一直做下去，越做越有价值，像律师、医生一样专业，受人尊重。我要广结善缘，为有缘人找到温暖的家。

我出生在一个乐善好施的家族。奶奶信佛，妈妈信基督，一直都充满智慧地帮助别人。从小老听我妈说："困难和痛苦的时候，是上帝在磨炼你，让你成长；收获和成功的时候，你所做的一切都是在荣耀上帝。"

在这种潜移默化的影响下，我从小就有一种朴素的价值观，就是与人为善，不求回报。

在房产销售这个利益角斗场，我付出了很多，吃了很多亏，受了很多委屈，但做到了不违初心。一个同学笑我："你为自己定规则，把自己绑得死死的，本身就违反了游戏规则。"

我一直在做自己，我相信我的真诚、热心、专业、专注可以打动每一个人，收获认同和尊重。我做单子很慢，每个单子都像一件艺术品。正因为这样，我结了很多善缘，交了很多客户朋友。我跟客户的链接都比较深刻。我聊过的客户，只要我不放弃，几乎没有人切得走。我的销售模式，别人学不来，时间越长，越有生命力。

对我来说，人生是一个道场，卖房子是修行的一部分。

"一个没有天花板的平台"

大学毕业后，我留在了北京。那是 2004 年 5 月。我在半年时间内换了三四份工作。后来，看到《前程无忧》报有顺驰房产的整版招聘广告，上面写了一句："给你一个没有天花板的平台。"这句话震撼了我，我去顺驰应聘，当时我只知道这家公司是做房产销售的。我想挑战一下自己——虽然不善言辞，但我想，如果能把不擅长的干好，还有什么干不好的呢？

我进了顺驰旗下的蓝岸装饰公司，在材料部负责采购装修材料。在外人看来，这是个肥差。那时候有个材料商胡姐，给我谈返点，说这是业内的规矩。我坚决不要："你要返，就返给公司，把材料价格压得更低一点儿吧。"

胡姐和我成了朋友。我做了经纪人以后，她还找我买房。

因为装修业务要和二手房业务联动，我去顺驰在中关村的一家店面学习了一周，跟着店里的人去看房、贴条。那是我第一次接触房产中介业务，感觉还挺有意思。

顺驰的企业文化很独特，有一种开放、包容的氛围。大家对领导从来不称呼什么总，对同事从来不叫什么哥什么姐，都是直呼其名。公司提倡平等，"谁都可以凭实力走上老总的位置"。我和其他年轻同事一样，对这个没有天花板的平台满怀希望，觉得自己有无限的激情、无限的可能。

但是在顺驰工作压力很大。在激情文化下，顺驰有"夜总会"传统——每天晚上开会，开到半夜 12 点是家常便饭。

在顺驰干了 5 个月，我离职了。过了几年，顺驰出现资金链问题，老板孙宏斌转做开发商，创建了融创中国。而顺驰很多优秀的企业文化因子，也刻进了我的骨子里。

重新找工作的时候，本着挑战自我的目的，我还想再试试房产销售。在三元桥一家小房产中介待了两天，感觉管理不规范，就离开了，去大品牌中介应聘。

在芍药居，我走了一圈，看到三家中介门店：红色招牌的中大恒基，黄色招牌的我爱我家，绿色招牌的链家。因为反感中大恒基店里大红的装饰，我没递简历就出来了。进了我爱我家，发现经纪人着装不正规，还有人在前台嗑瓜子，感觉不太好。出来，去了对面的链家。

店长姓范，我和他聊得不错，很快就做了决定：进链家。

我并不牛，我只是用心

入职之后有跑盘的任务。整个和平里十四个区，我跑了一整天，深夜回家画楼栋图，画到凌晨 2 点多，仍激情满满。

范店长待人宽厚，我们都亲切地叫他范哥。他安排了一男一女两个师傅带我。虽然两人年龄比我小，我还是恭恭敬敬地叫师傅。他俩说会好好教我，前提是我得"听话"，"伺候好师傅"。当时是夏天，我跟着去扫楼（挨家挨户插房源条），他俩要我"给师傅买冰棍吃"，我就去买了两只冰棍，他俩坐在楼下的自行车上吃，我上楼去插条。那条上写着房源信息和他俩的名字、电话号码，我往每家的门缝里面插一张。从一楼插到六楼，汗珠子直往下淌。扫完好几个小区，赶上午饭时间，他俩又说徒弟要请师傅吃饭，我就带他俩去吃火锅，吃得很开心。我很喜欢这两个可爱的小师傅。

回店后，范哥听完我的行程汇报，哈哈大笑："你别听他俩瞎说，他俩就是活宝，咱们团队的传统是师傅请徒弟吃饭。"店里来了新同事，范哥都会请大家吃饭。他又督促我的两个师傅分别回请了我一顿火锅。

范哥给了我一个离职人员的公共客户本，让我按本上的号码给客户打电话。好多人刚开始打电话都犯怵，但我从来不，一直很坦然。我在顺驰的时候接受了一个价值观：客户不是上帝，我能提供超出客户预期的服务价值。因为这样的坦然，我从来没在电话里被客户骂过，大家对我都比较亲切。

跟客户通话时，我的语速比较慢。这不是刻意的，我习惯在话说出口前斟酌一下用词。同事一天能打 100 个电话，我只打二三十个，但是我的效率特别高。到岗第三天，我就开了一个租赁单，客户就是打电话打出来的。

客户是对外经贸大学的留学生，英国人，要在校外租房。看房的时候他的两个同学也来了，一个美国人，一个墨西哥人。三个小伙子汉语不怎么样，我的英语也不流利，都只会蹦词儿。经过一番连说带比画，我了解到他们需要一套三居合住。刚好我通过在店附近一个小区的社区论坛上发帖子，开发了一套出租的三居房源，带他们去，他们一眼就看上了。当天直接签约，业主陪我们去派出所，办理三个人的外国人居住证，这一单就顺利签成了。客户和业主都特别满意。

第二单租赁是聊天聊出来的。我们店楼上的一个业主下来遛狗，我热情地跟她打招呼，就聊起来了。她说她老公在央企，有三个外地同事借调来北京工作，在魏公村一带待两三个月，不想住酒店，想短租一套房子。我听了很上心，跟其中做主的人沟通：业主一般不愿意短租，能否接受房租略高于市场价？他说可以接受。我就在公司系统里查魏公村一带的租赁房源，跟一个个业主沟通。因为只租三个月，很多业主不愿意。后来遇到个业主，我跟他说，租户都很有素质，爱护房子，租金可以比市场价高一点儿，而且三个月后腾房正好赶上金秋租房旺季，不影响继续出租。业主被打动了。客户跟我去看房，很满意，给的月租金比市场价高 1000 块。双方皆大欢喜。

入职第二个月，我签了第一个买卖单。第三个月，范哥推荐我晋升为一个新店的店长。同事们都说，睿文好牛啊。

我并不牛，我只是用心。当时大家都不愿意挨家挨户插条，太累了，效率还不高。我不怕累，但不喜欢笨拙地打扰到别人。一次插条时，遇到业主开门出来，我马上说："抱歉，打扰了！"业主指着我手上的房源条说："给我看看吧。"满怀感激之余，我在想，有没有一种更好的发房源方式？

我想了一招：找人刻了一个私章，上面有我的名字和手机号，把章一张张盖在公司派发的广告单上，然后把厚厚一叠广告单装在包里，去附近的报摊，跟摊主协商，请他们帮忙把广告单夹在当时卖得好的《北京晚报》里，每 100 份给他们 10 块钱。人家很高兴，反正闲着也是闲着，还可以挣点儿外快。我一个一个报摊的跑，基本上把周边的夹报业务垄断了。我去周边的写字楼，看到大厅里的展架上摆着各种杂志，就跟前台沟通："我可以把广告单夹在杂志里面吗？您放心，我不会把展架搞乱的，还可以帮您收拾得更好，也愿意付费。"对方说，可以，不用给钱。

公司每天给店里派发的上千份广告单，几乎被我一个人发完了。经常有客户拿着广告单来店里找我。

这么多年，做业务我从来不跟人抢，都是自己琢磨，用自己的方式。

当店长后，我喜欢跟经纪人说一句话："只要你用心，一切皆有可能。"

我从来不用套路

在链家干了一年多，2006 年底，我去了麦田。面试我的店长林光珊是福建人，很有才干，说话幽默。听我做完自我介绍，他说："睿文啊，我这个小鱼塘，不知道能不能养得了你这大金鱼呀？"他这话让我很感动，归属感油然而生。他跟我讲他刚来北京时的一个小笑话：当时是冬天，他看到火车车窗外的树上光秃秃的，问同行的领导："吴总啊，北方的树上为什么不长叶子呀？"我呵呵笑。他又讲他刚入行时，连续八个月没开一单，第九个月开了七单，"我们是在希望的田野上呀"。

麦田的企业文化倾向于家的文化。他们提倡一个价值观：对人感恩，永不抱怨，成就别人，造就自己。对此，我很认同。在麦田的时间虽然不长，但这一价值观已经深入骨髓。

2007年6月，我进了我爱我家，一直到现在。面试的时候，我说了当初对我爱我家的印象，从南方过来的店长程远兵呵呵笑，给我描绘了一番做高端市场的宏伟蓝图，我内心又一次被点燃了。

我在我爱我家也是三个月当店长。这么快晋升，除了业绩好，人品也给我加了分。这个行业里的套路很多，但我从来不用。不管做什么，我都遵循入行时的初心。

我一直记得在链家时的区经理代永琴跟我说的一句话："责任大于能力。"面对金钱的诱惑，最能体现一个人的责任感。举个例子，这么多年，我从来没有做过私单。我当店长的时候，手底下的经纪人也都不好意思做私单，因为我对他们太好了。我每月拿出收入的20％做团建，请经纪人吃饭、唱歌、出去玩，出钱出力帮他们解决生活上的困难。他们在工作上出了问题，我帮他们担着。有人说我太护犊子了。确实，我心软，有时候缺乏狠劲儿，在这个如狼似虎的行业，这是个短处，影响了赚钱和升迁，但我也收获了很多，跟经纪人情同手足，结了很多善缘。

我给跳我单的人让座

结善缘有很多方式，不记仇算是其中一种。

一个老太太看中了一套房子，来店里签了合同，交了定金，特别开心，特别感谢我们："你们这些孩子都不容易啊，带我这么久，帮我找到这么好的房子。"

第二天，老太太又来了，冷冷地说："这房子我不想要了，首付不够。我交的定金，你们退给我。"

我心想这是闹哪出，和颜悦色地问她怎么突然钱不够了。她前言不搭后语，一看就是在撒谎。

我说："定金是我们代业主收的，您要退单，得征求业主同意，双方签退定金协议。他不同意，我们无权退您定金。"

老太太瞪着我，眼里冒火："定金我交给你们了，要找业主也是你们找！"

我心想这人怎么翻脸比翻书还快，跟她讲交易规则，她根本不听，反倒说我们骗她，从包里取出合同来，当着我面把合同撕了。一看这架势，店里的同事都围过来了。我还没说啥，老太太又开始撒泼："我给你说，我可是有心脏病，你要不给我退，气出病来，死在你们这儿！你看着办！"

　　我给区经理叶强打电话说了情况，建议给老太太退单。叶强同意了。业主我也联系了，他说，退就退吧。当天我们就给老太太退了定金。

　　钱一到手，老太太啥也没说就走了。

　　第二天，同事范开宁跟我说："刘姐，你太老实了，老太太在小公司签了，还是那套房！"那时附近店面不多，每个店每月的成交数量有限，成交信息在各公司之间传得很快，没有不透风的墙。

　　老太太为了省一点儿佣金不惜用泼妇的方式跳单，想想挺可怜的。我没去找她。

　　还有一个类似的案例。客户胡女士是政法大学研究生，看上去很有素质。她交了两万块定金，约好第二天来店里签约。第二天，她一来就说买不了了，跟我诉苦了半天，说家里都借遍了，首付还是凑不齐。我心想她也不容易，答应跟业主沟通，争取退她定金，再给她找其他房子。我跟业主说尽好话，业主才同意退定金。后来才知道，她之前跟业主见面时互留了电话号码，两人私下交易了。碰巧，她买的那套房子在我住的小区里，我俩经常能在公交车上遇到，每次她都把头扭一边，装作不认识。后来她怀孕了，有一次我在公交车上给她让座，她很不好意思，说了声"谢谢"就坐下了，还是不跟我搭话。其实对我来说，她跳单这事已经翻篇儿了，我心里很平静，没什么纠结的。

我尽全力服务好每一个来到身边的客户业主。当店长的时候，店里经纪人的一个租赁单，合同签完了，定金也收了，只是因为当天没有收据，在公司系统报不了成交。没想到，公司另一家店的经纪人有客户租同一套房子，当天就报了成交。这种情况，行话叫"撞单"，以先报成交的为准。

我们这边的租户姓刘，是一家企业的老总，他本来是为员工租房，听说签了合同交了钱的房子被别人租了，很生气，来店里找到经纪人："我跟你们签合同了，不管你们内部怎么协调，我就要租这套房子！"经纪人跟他说好话，承诺帮他找别的房子，刘总不同意。经纪人也有点儿来气，跟他争执起来了。刘总撂下狠话："你信不信我能让你们这个店关了?!"

我赶紧去救火。好说歹说，才让刘总的气消了些。我请他去吃饭，在饭桌上又向他赔不是，提出一个解决方案：这一单的佣金全退，重新给他找房子，新佣金争取向领导申请到五折，而且这部分佣金由我来出。

刘总被我的态度感动了："姑娘，我很看好你。你放心，我不会让你垫一分钱的。我总共需要租六七套房子，都交给你啦，佣金不用打折。"

客户找人来砸场子

只要你不记仇，本着结善缘的心态，就算别人来砸场子，你也能化解。

客户查先生是个心理咨询师，看上了一套房子，交了两万块诚意金，跟我约定五天内来签合同。

约定时间到了，我没等来查先生，却等来同事炸雷般的电话："刘姐，你在外面看房是吧，千万别回店啊，出大事了！店里来了一帮人，说是来找你的，又砸桌子又砸电脑的，可吓人了！"

我心里咯噔一下：咋回事？我没惹谁呀。

想破脑袋也想不出来自己得罪谁了，心一横：既然是来找我的，一人做事一人当。

回到店里，看到一片狼藉，几台电脑、几只碎杯子、一些文件夹散落在地上。同事们面面相觑，一看到我，都把手指向楼上谈判室，再摆摆手，示意我别上去。

我不管，上楼，进了谈判室。里面满满当当一屋人：五六个陌生男人，其中一个看上去是头头儿的中年男人坐在谈判桌边，身后站着跟班儿们；店长程远兵、区经理叶强和公司安保部负责人张林坐在他对面。我过去，站在领导们旁边。

中年男人盯着我："你就是刘睿文吧？"

我点点头："是的。您找我有什么事？"

"查先生委托我们来的，"中年男人说，"他不想买那套房子了，让你把两万块钱退他。"

叶强在我耳边低声说："他们是要账公司的。你别怕，咱们安保部的老张能摆平他们。"

我心里有底了，对中年男人说："有话好好说嘛，砸东西不对吧？"

中年男人笑了笑。

张林说话了："天津的老李，我们认识多年了，都是道上的好兄弟，今儿你给我个面儿，听我说一句行不？"

中年男人双手合十："张哥，您说。"

张林看看我："咱们让小刘来说说事情的来龙去脉，再做评判，好吧？"

中年男人连连点头。

我如实说明事情的来龙去脉。"突然你们就来砸店了，我都不知道咋回事。"我看着中年男人，"他想退诚意金，可以直接跟我说呀，只要没签合同，这个钱是可以退的。"

中年男人猛地一拍桌子："这个笨蛋！他自己把事情想复杂了，他以为这钱退不回来了，就找我们来要。我们要回去的钱，一分都不会给他！"

我心想，查先生这是被迫害妄想症啊。

因为要账公司的人拿着查先生的委托合同来的，我们就把两万块诚意金直接退给他们了。后来他们是不是真的一分钱都没给查先生，我就不知道了。至于店里被砸后的维修，由公司承担了。

我给查先生发短信："您的两万块诚意金，我们是可以全退您的，为什么您还找要账公司的人来要呢？"

"我担心你们不给退。"

"要账公司的人来砸场子我也不怕，因为我一直很用心地服务您。"

"很抱歉。欢迎你有空儿来我这儿喝茶。"

不久后，查先生给我打电话，说他已经在别处买到了一套满意的房子。我这人不记仇，诚心诚意地恭喜了他。后来他还给我推荐了一个客户。

客户和业主互骂得不可开交

做业务，最怕处理纠纷。有时候，为了尽快解决纠纷，我宁愿自己吃亏。

一套 680 万的房子，业主和客户都是公司董事长，交房时双方卡在一笔小钱上——这套房子以前有租户，欠了 500 多块的有线电视费，业主跟他交接时忽略了这事儿，现在已联系不上了。这五百多块，业主不愿出，说这是租户欠的，跟他无关；客户更不愿出，说房子还一天没住呢，凭啥要当冤大头？

为了这五百多块，两个老板僵在那儿了，不吵不闹，都不说话，各看各的手机。

我在一边看着这场景，又好气又好笑。我不想为这点儿事耗时间、精力，就跟他们说："这钱我来出吧，就当我请你俩吃顿饭。"

两人都看了我一眼，还是不说话。

我把钱交了。对我来说，能力范围内，能用钱解决的问题就不是问题。

业主对客户开口了："冬奥会的时候，咱俩一起去滑雪吧。"这套房子是业主在北京奥运会前买的，作为看奥运会期间的住处；卖房子前，他已经在北京冬奥会的赛场周边买了一套别墅，作为看冬奥会期间的住处。

客户笑嘻嘻的："好啊。"

更多时候，解决纠纷需要双方当事人的同理心，否则就是一地鸡毛。我印象最深的一次处理纠纷，前前后后折腾了半年，搞得我心力交瘁。

客户崔女士要换房，卖房和买房同时进行。她跟着我看好了一套一千多万的房子，签约时要的付款周期比较长：六个月。不过她向业主骆先生承诺，自己的卖房款一到位就尽快过户，可能用不了六个月。骆先生提出，不管怎么说，付款周期这么长，定金得多付一些。崔女士照办了。

后来，崔女士希望提前收房以便装修，骆先生提了个苛刻的条件：崔女士先交 500 万，才能收房装修。

"这不是故意为难人吗?!"崔女士跟我抱怨，"一个大老爷们儿，格局这么小!"她不提前收房了，"过完户再装修呗"。

崔女士的房子卖得比较快，她拿到卖房款时，合同约定的六个月付款周期还没到。因为有前面的积怨，她没按口头承诺及时给骆先生付房款，而是把这笔钱拿去买了理财产品。骆先生比较精明，打听到这一情况，也来跟我抱怨："这人成心耍赖吧？既然她不着急，我也不给她交房!"

两人的梁子结下了，彼此的怨气越来越大，甚至各自在我面前骂对方不地道。我夹在中间很难办，劝了这个劝那个。两人都说，不怕对方违约，打官司奉陪，"我有律师"。崔女士还威胁要把我们公司一起告上法庭。

那段时间我的压力很大，其他业务都搁下了，天天给两人打电话，一打就是一两个小时。

崔女士在我面前骂骆先生"一点男人的度量都没有"，她越说越来气："我一辈子都没吃过亏，他居然来算计我！我就赌这口气。这么大岁数了，不能被人家欺负。"

骆先生在我面前骂崔女士"小肚鸡肠"。他哪壶不开提哪壶："今后这个小区旁边要建高架桥，对环境和房价都有影响，你没告诉她啊？"我心想你房子都卖了，哪来这么多事啊。这没影儿的事要是告诉崔女士，不是更给她添堵吗？人家都说了，骆先生"天天添堵"。

"互谅互让"的话，我对他们不知说了多少遍。那段时间我特别焦虑，有时候真想放弃，宁愿这个单子不做了，佣金不要了，他们爱打官司打官司，爱怎么闹怎么闹。不过转念一想，解决纠纷是我的责任，再难，也要把这件事办妥，让客户和业主好聚好散。我不能让经手的任何一个单子结出恶果。

六个月付款周期截止前，在我的不断赔礼、说服下，崔女士说是看在我的分儿上，在最后一刻把剩余的房款打给了骆先生。

交房的时候又出了幺蛾子：物业不同意崔女士马上装修，

因为原业主给物业发了个函，说房子过户手续还没完成，新业主装修时有可能会破坏房屋原有结构，一旦交易出现问题，原业主要起诉物业。崔女士又被点着了。

我带崔女士和骆先生去过户，两人互不理睬。过完户，骆先生提出要把契税票拿去复印一下，崔女士一把从我手里夺走契税票："我就不配合他，房子是我的了，他爱找谁找谁去。"

两人闹这么僵，其实在乎的不是钱，而是一口气，都觉得对方应该大度点。在我看来，双方都有责任。在社会大环境影响下，不少人都有被迫害妄想症，总觉得别人要害自己，彼此防着，一点儿小事就上纲上线，导致矛盾越积越深，到最后闹得大家都不愉快。何必呢？老话说，"让他一步又何妨"。

我对自己处理纠纷的方式也有反思：一些无关紧要的细节，不必事无巨细地向客户和业主汇报，这可以规避一些误会。另外，作为中介方，包括签约在内的整个服务过程要做得更细，要学会区分哪些是你的事，哪些是别人的事，哪些是老天的事。别人的事和老天的事你是没有能力去把控的，如果把所有事搅在一起，就会让自己很纠结。

每次处理纠纷都是对自己的挑战，就像在渡劫一样。渡完劫，我由衷地感谢出现在身边的每个客户、业主，虽然经历了很多波折和苦恼，但我得到了几乎每个人的信任和支持，我没遇到一个完全不讲理的。就说骆先生和崔女士，过完户，他们都很感激我，后来买房子也都找我。

我特别欣慰的是，自己经手的所有单子，没有一个没善后的。不管有多少纠纷，结局都还是比较圆满的，也算是结了善缘吧。

在混沌中发现光亮

曾有同事说我"用生命在工作"，我认同。我尽量活在当下，无所期。

每一单我都尽力而为，但是做单时没想着成或不成。能成，是我的福分；没成，客户通过别人买到了满意的房子，我一样替他高兴。一个客户，我带她看了一年多的房子，最后她在其他公司成交了。交易过程中遇到问题，她来问我，我依然耐心解答，她很不好意思。其实我很感谢她，因为我在带她看房的过程中熟悉了不少房源，为后来做成其他两单打下了基础。

我是带着成为专业且受人尊敬的房产经纪人的愿望进入这个行业的。进来之后，发现这里边是一个名利场和利益角斗场，内心也有很多冲突，很多矛盾，甚至很多时候觉得自己不适合在这个环境中生存。有一段时间，我卖的房子都是别人不卖的。

我一边干，一边在这个系统里找平衡，找自己的位置。我逐渐懂得了化繁就简——不管别人怎么样，我自始至终做自己，用创造艺术品的心态去工作。这么多年，我沉淀下来很多志趣相投的客户朋友，他们一直给我推荐客户。我用心服务好这些人，但又不固守旧圈子，不断跳出去，开发新客户，学习新东西，得到新的成长。我心是坦荡的，相信没有一步白走的路，相信过往的积累能让我未来走得更稳健。

每年我都要拿出几万块用于学习，一个是让自己足够强大，另一个是为了给客户提供更多服务附加值，努力让自己做到不可或缺、不被替代。这样，今后不再干这一行的时候，我可以昂首离开。

我向往着经纪人作为专业人士，能像医生和律师一样受人尊敬。在这个目前并不是那么体面的行业，我有一种职业信仰：在混沌中发现光亮，跟着光，向前走。

（部分人物为化名）

采访手记

采访前一天，在一个朋友聚会上，在座者除了我和刘睿文，其他四人都曾是她的客户。席间碰杯时，有人说："感谢睿文提供认识新朋友的机会。"有人接话："是啊，感谢睿文，我的财神妹妹!"

刘睿文笑道:"感谢房产,我们因房子结缘。一个人能做强,一群人才能走得更远。很乐意给你们提供更多这样的机会,我们共同期待美好,迎接美好。"

生活中这些平凡的细节,每每令睿文感动,并从中获得成长的养分、坚持的勇气。

她还记得初入职场时一位作家老师对自己的叮嘱:"你内心有很多美好的品质,一定要学会保护好这些品质,再把自己扔到社会中去打磨。"她说,这话像一道光,照亮了她的信念。"一个人只要有一句话、一件事能触动你,他就是你的贵人。"

她觉得自己生命中的贵人多得数不过来,她觉得自己的内心无比丰盈。

学了心理学之后,她在人生这个道场里发现了新天地:"我的小宇宙才爆发了 10% 呢。"

我一次次逃走又回来，只为了更好地离开

口述人：董静姚，男，生于 1986 年，辽宁桓仁人，2008 年入行，现工作地北京。

采访时间：2021 年 1 月 20 日、2021 年 1 月 22 日。

我的前半生就做了两件事：一件是卖房，另一件是旅行、流浪；一个是现实，一个是理想。

很多人问我做过什么疯狂的事情，我总是说我一直都在做疯狂的事情。

在房产中介行业，从 2009 年开始，我连续 11 年辞职，有时一年辞几次，工作时间最长的一次也就一年四个月。我在三大公司都干过，其中我爱我家三次，链家两次，麦田两次，还有一些小公司。除了北京，我还在长沙和大理卖过房。

为什么每次都干不长？我见识了这个行业太多的辛酸、无奈和不公。为了生存，同行们付出了最宝贵的青春年华。我曾经对人说："我属于他们，我懂得他们，我又不想成为他们。"我从来都是站着赚钱，我跪不下来。

因为看重精神自由，我一开始就走上了一条与众不同的路——虽然入行不久就做了销售冠军，但我觉得，拿一年时光换十多万块收入，没有其他收获，不值，还有很多比金钱更有价值的东西。这些年，不管做什么，我都会问自己三个问题：我是谁？我在做什么？我想要什么？这是当年我在安利学到的灵魂拷问。

为了追寻答案，我一次次逃离这个行业，在路上，看见美好的世界，接触有趣的灵魂。

不过，为了生存，我又不得不一次次回到这个行业，只为了更好地离开。

我用十多年的时间，找到了自己的答案。

我希望，当我老了的时候，可以给孩子讲一个很长很长的故事，不是吃饭睡觉上班赚钱，而是我在不同年龄段做了哪些疯狂而有意义的事情。我觉得，这才是完整的人生。

"我要看看外面的世界"

对自由的向往，可能是我骨子里带来的。

我不喜欢学校那种环境，初三上了半年就辍学了，跟我妈当小工。她是油漆工，天天起早贪黑地干，却很开心。后来我妈觉得长此以往不是办法，想送我去学门手艺。我就去了河北张家口的北方机电工业学校学数控。

出门的时候，我妈说："这辈子没给你什么东西，只有一样，就是德行。做人做事，一定要讲德行。"我后来总结，这种家庭教育出来的孩子在这个社会是很"吃亏"的。

那个学校里有很多混混，我找不到可以说话的人，就独来独往。也正因为我的特别，加上我形象还不错，穿得也比较超前，有很多女孩子喜欢我。有时候一个人在操场走，一些女生像见到偶像一样，尖叫着开窗喊我。后来我攒了一大箩情书，回家给我妈看。

我没和任何一个女生谈恋爱，网恋了一个在北京工作的东北女孩。她到张家口看过我。毕业后，我为了她到了北京。那是 2007 年，我 21 岁。

我很快就上了进入社会的第一堂课。到北京后，我和那个女孩一直没机会见面，只保持电话联系。有一天，我给她打电话，是一个三十出头的男人接的，他说："你以后不要再联系她了，我会照顾好她。"

我很伤心，但我并没像有些人那样，不再相信爱情。

我的第一份工作，是在一家企业的电子产品流水线上，每个月三百块。干了三个月，受不了，换到一家生产模具的公司做数控加工，底薪八百，后来涨到一千。工作很无趣。天天在车间里面对机器，我觉得自己也是一个机器。

没有任何的资源、背景，对这个世界什么都不懂，我只能寄希望于知识改变命运。我买了一本励志书，《35岁以前要做的100件事》，有很多篇目，我每天只看一篇，因为要把看过的东西嚼透，在第二天付诸行动。我还看了当时很流行的《穷爸爸，富爸爸》。我追求高品质的生活，我相信自己一定会成功。

宿舍在筒子楼里，一间十来平方米的屋子放了四张上下铺。有天晚上，公司副总加完班后到我们宿舍过夜，发现我的床底下有好多空的红酒瓶。他跟我说："你并非池中物，你只是拿我们公司作一个跳板而已。"我没说什么。

大车间有三层楼高，我的机器旁边有一扇大窗户，每天干活的时候，阳光照进来，我就望着窗外，有一种特别的渴望。

我去跟老板辞职，说"我要看看外面的世界"。

老板说："外面的世界很精彩，外面的世界很无奈。"

我毅然决然地辞了。在这家公司干了整整一年——2007年4月1日入职，2008年4月1日辞职，刚好经过两个愚人节。

我一直是个很有自信的人。我要求知，我要改变。我发现自己的身体里积压了很大的能量，很火热的东西。外面的世界，精彩也好，无奈也罢，我都要去看看。

等客户打电话来的销售冠军

辞职之后，我坐火车去沈阳看我哥，一整节车厢全都是做安利的，他们去沈阳开大会。我一下觉得，噢，找到组织了。

回到北京，我就去安利学了三个月，学他们的推销术。我不卖东西，只学习，因为我也是拿安利当跳板的。

我当时住在一个城中村，隔壁卖麻辣烫的老两口见我天天啃馒头吃纽崔莱，觉得我过得辛苦，就鼓动我去干房产中介，说来吃他们麻辣烫的经纪人一月能赚一两万。

我听了他们的话，去了北苑家园的一个我爱我家店，问："你们这儿招人吗？"

一面试，直接就上班了。那是 2008 年 6 月。

我先做了半年租赁。那个阶段特别辛苦，也特别拼，有时候半夜回到家，泡脚的水还烧着，我就已经睡着了。第二天照样早起，抖擞精神去上班，想法很单纯，累并快乐着。

我在工作中用到了很多在安利学到的东西，比如一些话术、销售技巧和个人形象的打造。在安利的时候我看过一本书，叫《你的形象价值百万》。我一直以来都很在意自己的形象，穿衣服讲究，把头发梳得溜溜的，不管面对同事还是客户，都展现一个最好的自己。此外，还有自我激励、设定目标。即使住在一间暗无天日的小平房，我还是买了一个白板挂在墙上，上面用笔写了四个大字：销售冠军。这也是安利教我的。

做租赁，我的业绩阶梯性上涨，月收入从一两千到七八千。2009年春节一过，我转做买卖，正好赶上市场火爆。

火爆到什么程度？过年之前我们攒了两大盒收上来的房源钥匙，结果年后有很多客户看房、买房，不到两个月，那两个盒子全空了。我记得最忙的时候，客户进店里来一看，到处都是签合同的，就连小茶几上都在签。客户有点慌了："请问，这儿看房需要排队吗？"

我的第一个买卖单，客户只看了一套房就签了。一个四十来平方米的开间，三十多万买的，过了两年，市值七八十万的时候卖掉了。

后来开的两单也挺有意思。一个小区只有两套一居室在卖，我同时约了五拨客户十个人一起看房。你想想那场景：一个经纪人身后跟着十个客户，浩浩荡荡的，风光吧？

客户们看完了，都没有表示。第二天，我采取了一种策略：等着客户打电话来，当第一个打来电话的客户问这两套房子卖了没，我就说："A已经卖了，只剩B了，你买不买？"他想了一下，说买。过了一阵，另一个客户也打电话来，我说B已经卖了，只剩A了。他就买了A。就这样，一天之内，两套房子都卖出去了。

你可能觉得我撒了一个小小的谎，但我这不是骗客户，我是作为专业人士帮他们下判断。因为我知道在那样的市场行情下，这两套房子很快就没了，再等合适的房子出来，客户可能会多花十来万。这时候，客户在犹豫，需要我给他一个决心。我不会诱导客户买某一套，不太体面。这么多年，我一直是一个本色型或者说随缘型销售，都是客户主动给我来电话，我没有逼过客户，只会用热情和专业把最好的服务提供给他们。

转做买卖的第三个月，我卖了七套房子，其中有五套一居室，得了个外号"董一居"，在全公司出名了。年会聚餐，公司副总来敬我酒，也叫我"董一居"。

当时我们店是我爱我家全国第一个月收入百万店，我一个人就贡献了二十多万，成为月度销售冠军。我在白板上写的目标实现了。

后来，我在公司大会上演讲，面对几千个同事，说了一句话："飞得最高的鹰靠的不是翅膀，而是信念。"

第一次辞职，我没有找到答案

进入这个行业后，我慢慢认识了"外面的世界"。

我卖的一套一居室，客户是南开大学毕业生，谨小慎微，生怕哪个环节出错，一会儿问业主靠不靠谱，一会儿问我们公司的贷款服务够不够专业，恨不得一个问题问八遍，谁都不相信。

签合同时，业主爽快地承诺：家具家电全送。交房那天，客户带女朋友一起来了，他们清点屋里的家具家电时，发现少了一个玻璃茶几。姑娘拉下脸，说少了这个茶几不行。

业主解释说，这个茶几他用了很多年，用习惯了，就带走了。

姑娘噘起嘴："之前说好家具家电全送的，不讲信用。"她找男朋友扯皮，要他出面把茶几要回来，还说要是这事他搞不定，就不是爷们儿。

客户找业主要，业主不给。气氛一下就僵那儿了。

业主很生气，跟我说："小董你告诉他们，我是说过家具家电全留下，但是我没有说留下好的还是坏的。我即使全给砸了，也没有违约，也不用负什么责任。他们别太过分。黑道白道我都接触过，真把我惹急了，我全给砸了！"

我把这话原原本本转达给客户后，对姑娘说了重话："为了一个不值钱的东西，你非得闹得不能收场是吗？"

两个年轻人无言以对，厌了。

这事过去后，我有点儿身心疲惫，觉得虽然做这个工作能赚钱，但是真不想服务这种客户，太烦琐，太无趣了，这不是我追求的工作状态。

最重要的是，我必须让自己不断提升。这种提升不是赚更多的钱或者升到更高的职位，而是收获心智上的成长。

我问了自己一个问题：拿一年的时光，换十多万收入，没有任何成长，值不值？

我的答案是，不值。

还有很多比金钱更有价值的东西。虽然当时我还不知道它们是什么，但我知道，那就是我接下来要去发现的东西。就像爬山一样，当攀到高峰时，我就觉得没有意思了，得下山，去寻找一座更高的山。

到这里，我走上了一条与众不同的路。

2009年10月，我辞职了。这是我至今为止唯一一次超过一年的工作经历。

一辞职，我就背着包独自上路了。我想看看有没有适合我生活的城市和赚钱方式。我去了杭州和义乌。在义乌小商品市场，我看中了一种毛绒玩具，进了一些货。回北京后，周末就去西单摆地摊卖。卖得特别火，我拎了两大袋子货去，不到二十分钟就卖光了。我又让那边的商家给我发货。连着两个月，每逢周末去摆一小会儿摊，期间被城管抄了一次。抱着玩玩的态度，我把去杭州那一圈的旅费挣回来了。

不过，这一趟出门走了一圈，我并没有找到那个灵魂拷问的答案。

我还是迷茫。每天在家晒晒太阳，看看电影，听听音乐。

我爱我家的一个老领导对我说，你还是回来吧。我发现，空想没用，还是应该边做事边寻找答案。我又回去了。

央企副总戳破了我的成功梦

回去之后，领导给我定了一个置业主任的职务。还在三个月的见习期，我就卖了一套豪宅，一下子成了我爱我家全国第一个五级置业主任，经纪人里面的最高级别，无责任底薪4000块，而当时店长底薪才2000块。

那套豪宅引发了一些故事。交易过程中出了纠纷，如果说判客户违约的话，100万首付就打水漂了。客户是一家央企的副总，出身书香门第，他的为人我比较认可。我就尽力帮他处理这事，经过好多次谈判，最后谈妥了，避免了他成为违约方。

因为这个事情，我跟这位副总走得特别近。我就觉得，可以把他当作我的领路人。因为我很早就把自己定义为一个要成功的人嘛，我不甘心于做一个房产经纪人，只是把这个行业当成跳板。我有更大的野心，更高的要求。我这次回来后只做高端，也是为了有更多机会接触一些成功人士。

我给这位副总发了一封邮件，我说您能不能让我进您的公司，我可以从一个司机或者保安做起，我相信以自己的能力一定能闯出一番天地。

副总在一家酒楼开了一间包房，请我吃饭。他在饭桌上说的那番话，我一直记得："小董啊，我们公司管理层四百来人，估计两年以后要砍掉一半，只留两百来人。这四百来人里面只有三个人是靠自己能力上来的，其他全部都是靠关系。我就是那三个人中的一个。"当然，这个真实性我没法儿验证。"小董，你说你来了，我把你放到基层，起早贪黑，一个月两三千块钱，还不自由，你也干不了。"

他跟我推心置腹说的这番话给我很大的触动。以前，我对这些是没有概念的。这让我与现实社会有了触碰，多了些了解，我就觉得上行渠道太狭窄了，很难去跨越阶层。在这样的社会结构下，我原来想要的那种很模糊的成功，可能一辈子都得不到。

原本想接住一个抛来的橄榄枝，到头来发现连最后一根救命稻草都没有了。我颓废了两年。

我的摩托车每天停在店门外，我没事就躺在上面晒太阳。车上有个贴牌，写着"摩托车与女人恕不外借"。

慢慢地，我有了一些思想上的转变。面对现在所处的环境，我得让自己更接地气一些。另外，即使现实社会是这种情况，我也不想白活一辈子，我想多看看这个世界的美好。一条通道堵住了，我从另一条通道出去，打开自己的生命。

被行业黑洞吞噬

当时，还有亲身经历的一些行业黑暗，促动我去走另一条通道。

公司在一个区域开新店，领导调包括我在内的一批人过去。去了之后，我们这批人被那边的区经理排挤。我们心里都清楚，不是人家的人嘛。一次开会，区经理拍桌子骂我们是窝囊废，我们忍无可忍，集体辞职了。

这是我第一次被行业的黑洞吞噬。带着很深的伤疤，第二次离开了我爱我家。

歇了半年，回老家和我哥合伙开了一个家居生活馆，卖时尚家具。不赔钱，也不赚钱。后来在老家交了一个女朋友，面临成家，要买房买车，怎么办？我想，还是回北京吧。

2012年，我回到北京干老本行，去了麦田。

麦田是一家主做高端的公司，好多名人都是跟我们同事买的豪宅。一个同事入职不到一个月，打公司共享池里的陌生客户电话，打到某互联网大鳄的老婆那儿了："女士您好，我们这儿有一个比市场价低1000万的别墅，您有兴趣吗？"电话那头问："哪儿的呀？"就这么个电话，很快成交了，新人同事凭这一单到手十多万。

这个行业每年都会有几个这样的神话，比如某某公司某某人卖了一栋写字楼，挣了几百万。但这种都是可遇而不可求的。你要是只想着撞大运，早就饿死了。

做高端，经常很长时间不开单，靠底薪活着，要承受家人的压力，还要每天充满激情地去面对客户，所以大多数人做不下来，死在了通往黎明的道路上。我们这个行业，像大浪淘沙一样。2008年刚入职我爱我家时，我们那一拨有一百来人，满三个月的时候，剩下不到十个。如果放长到十年来看的话，99％的同事都是过客。

麦田善于给经纪人"洗脑"。他们总讲，做高端，要耐得住寂寞。我耐得住。所以我刚去麦田的时候，觉得自己找到了组织，心中很多火热的东西又焕发出来了，想在这个行业大展拳脚，再做出点儿成绩。

现实总是很残酷。只做了半年，卖了一套房子，我就又忍受不了了。

我受不了我们那个女店长。她总是找各种理由罚经纪人的钱，我们差不多每月要被罚一两千块，把底薪都罚光了。交上去的钱，她不拿来请大家吃饭、搞团建，或者奖励给做得好的人，全揣到她个人腰包里去了。

当时我特别心疼身边的一些同事，他们大多是农村家庭出身，大学刚毕业，一无所有，靠底薪维持最基本的生活开支。每次交罚款的时候，他们的每个表情、每个肢体动作都让我难受，有一种悲切感，然后憎恨这样的领导，憎恨这样的事情。

我带头发起了"暴动"——要开月度会议了，照例又将是掏钱的日子，我把店里除了店长心腹之外的那些同事叫到咖啡馆，商量一起拒交罚款。我说，不能再这么忍下去了，拒交罚款是我们向不公的一种抗争，我们要站在正义这一边。

第二天开会，店长收罚款时，我们都不交，气氛很尴尬。店长当时也没说什么，后来就慢慢耗我们。最后，参与"暴动"的人全都被动离职了，被她给耗死了。

在这个行业，不向邪恶低头的人滚蛋，我第二次深刻地见识了。

在跳单客户家门口搭帐篷

当时还发生了一件对我打击很大的事情：我被一个服务过多次、非常信任的老客户跳单了。

这个客户姓常，是标准的"成功人士"——父母是大学教授，老婆清华毕业，他北大毕业，是一家创业公司的老总。他的财富积累得很快，房子一直在升级。

从 2009 年跟常先生认识，我帮他买过两套房，卖过两套房，每次都给他争取了最低的佣金折扣。我经常去他家玩。他搬新家、当爸爸，我都送去礼物。他家的老人和孩子都认识我。我曾经觉得，我和他之间已经形成了一种默契。

这次，常先生要买一套别墅。这套别墅的业主很认可我，让我独家代理，全北京只有我能卖。我很上心，每天带好几个客户看房。

过了一段时间，业主跟我说："小董，我的房子卖了，你不要再联系我了。"

我一听就炸了，肯定是我的客户把我跳了。

当时有两个客户看好这套房子，其中就包括常先生。是谁呢？

业主不愿多说。我只能自己去验证——那套别墅是毛坯，等买家装修完入住，不就知道是谁了吗？

我隐忍了两年。两年期间，我时不时去看看。直到房子装修完，我看到常先生一家搬进去。靴子落地了，我心里凉透了。我做梦都没想到，会被常先生跳单。

我买了很大一盆幸福树，抱着去了他家。敲门，阿姨开的门，见到我很热情。常先生两口子不在家，我放下幸福树就走了。

我给常先生打了个电话："常哥你好，我买了盆花送到你家，放在家门口了。"人家表现得很自然，道了谢，客套几句，像是没发生过啥事一样。

后来，我又给常先生打电话，直接挑明了，找他要中介费。他不认账。我又给他老婆打电话，也没用。两口子一直装孙子。

我又尝试着妥协。我跟他们说，这一单本来要交二三十万的中介费，现在他们不需要给那么多，把我该拿的提成补给我就行了。他们不理我。

我找他们要了两年账，一直没结果。

后来，再次离开北京前，我心一横，去常先生家门口搭了一顶帐篷。不给我钱，我就不走了。我还带了锅碗瓢盆，在那儿煮茶喝。

常先生两口子下班回来，看到这架势，一点儿不慌张，还特别淡定地说："小董，你记错了，这套房子我们不是跟你买的。"

我笑了："这套房子是我独家代理的，只有我能卖，你们跟谁买的？"

两口子不正面回答，只是坚决否认跳了我的单。人家话里话外是说："你跟我要得着吗？你说你想跟我玩，你怎么玩啊？"后来，他们撇下我进屋去了。

我在帐篷里纠结了一晚——我跟他们这么周旋下去，会不会有结果？跳单这种事去哪儿找证据？想想这种人的社会关系，玩黑的玩不过人家，玩白的还是玩不过人家。人家让保安或者警察来赶我只是一个电话的事。当然，他们有老人有孩子，其实是有弱点的，但是我并不想鱼死网破。

第二天早晨，我收起帐篷，走了。

又过了一年，我从外地回到北京，去了常先生的公司总部，进了他的办公室。当时他不在，我在里面一边喝可乐一边看摆在那儿的他和一些名人的合影，人模狗样的。这就是所谓的成功人士？

我等了一个小时，人也没回来。我找了纸和笔，写了一封信留给常先生："常哥你好，我是小董，我又回北京了。我来看望看望你，不巧你不在。过去的事情，我不想再提了，有些事情也没有结果，但是我希望在你的一生当中，你能意识到一些东西的存在：身为一个受过高等教育的所谓的成功企业家，你就是这样对待多年的相识，这样回报社会的吗？我每次回北京，都会来看看你，都会提醒你，你做过些什么，你是一个什么样的人。你顶着社会精英的光环，做的却是很肮脏很卑劣的事情。你深深地伤害到了我。我这一辈子都会提醒你，我不会让你忘记了。"

我从大理回来后，又给常先生发了短信："常哥你好，我又回北京了，有空咱们坐坐啊。"同样意思的短信，我也发给他老婆了。两人都没回复我。

这事现在属于未完待续的状态，也许还会有一些纠葛，也许不了了之。但是我就要做一根针，时不时扎他一下。当然，最终我会放下这个事情，接受现实。

现实就是，我原本以为买高端房产的人素质会高一点儿，结果恰恰是这类人，能买上千万的别墅，却为了不掏几十万的中介费，把我跳了。这不仅是对我的付出和对我们这个行业的一种侮辱，更是对我的成功梦的一种冲击，就像一锤子砸碎了玻璃。而像常先生这样的"成功人士"，还有很多。

这样的"成功"，不是我想要的。

在路上，把人生清零

成功，并不是生命中最重要的东西，这是我在鬼门关上醒悟的。

2014 年的一个周末，我和一帮朋友在北京郊区爬山。半山腰上，我一步没踩实，滑倒了，身体在陡坡上撑不住，迅速翻滚，两三秒时间就滚下了十来米。朋友们惊叫起来。

在那天旋地转的时刻，我像是一个纸团儿，承受了整个世界的重量，被砸，被揉，被撕扯。我脑子里像过电一样，闪过一个念头：自己还有很多心愿没完成，不能就这么死了。刹那间，我明白了生命中最重要的东西——好好活着。

刹那间，身体越滚越快，我下意识地双手乱抓，侥幸摸到一个固定的东西，我死死抓住。快要散架的身体在狂风骇浪中猛地刹住，颤抖不已。我定神一看，抓住的是一把草，那么不起眼，却又那么坚韧。这才是我真正的救命稻草。

朋友们大呼小叫地下来了。我往山脚下瞧瞧，一阵后怕——一直滚下去，必定粉身碎骨。

我起身，强忍着身上的疼痛，向朋友们挥挥手。

我感觉自己重新活了一次。

活着，就要去见识更美的风景，去经历更多的人生状态。

那一年，我和当时的女朋友来了一场分手旅行。因为她喜欢云南，我喜欢西藏，我们就决定一起走一趟滇藏线，看看彼此的关系还有没有可能继续。

我们走了两个月，徒步加搭车，总共才花了 6000 块钱。到了拉萨，也就是这趟旅行的终点，发现彼此还是没有办法继续在一起，决定和平分手，我把她送回她家门口。

这是我第一次尝试长时间的徒步旅行。从此以后，我每年都至少有一个月在路上。我的装备有五十来斤，里面有帐篷、睡袋、防潮垫、供电设备等等。

2015 年，我带我妈一起上路了。这些年，我一直没有亏欠自己，唯独亏欠了我妈。我走过的地方，想带我妈也去看一看，就设计了一条路线，从杭州开始，终点是拉萨。当时我没什么钱，这一趟的花费透支了信用卡。

到了大理，我妈有点高原反应，没法儿继续走，坐飞机回家了。临别前，她跟我说："现在我也不能为你做别的事情了，唯一能做的就是放手让你去做你想做的事情，过你想过的生活。"

我心头一热。她的这句话，还有多年前那句"做人做事，一定要讲德行"，让我终生铭记。

我开始了一个人的徒步旅行，走川西大环线。

我背着五十来斤的包，蹦蹦跳跳的，很快活，听着音乐，沿着国道走，走了21天。每天都是徒步二十公里之后，就搭车到前面的镇子找住处。

那21天，走在荒无人烟的路上，我感受到了一种真正的精神上的自由，开始用心去看这个世界，跟世界对话，跟自己对话。

后来，每一次独自旅行，我都很享受这种自由的感觉。每一次出发之前，我不知道自己会在哪儿停留，会遇见什么人，会遇见什么事儿。每一次回来，我就已经不是之前的那个自己了，我会对人生有所感悟。可以说，我的每一次旅行都是把人生清零，迎接一切未知。

未知就是一种美好。我不喜欢一切已知的循规蹈矩的东西。很多人认为的常态化生活，比如一辈子上班赚钱，对我来说很恐怖。我最怕过一种无意义的人生。

旅行是我寻求改变的一种方式。每当我对自己的工作、生活不满意，我就去旅行。我在祈求一种命运的改变，改变到我觉得合适的程度为止。

通过旅行，我得到了自己想要的东西，得到了另一种形式的成功：清楚了这个世界的样子和规则，找到了我的位置，找到了我的灵魂伴侣。

带着心爱的姑娘去大理

2017 年，我在路上飘了半年。在青海，我正帮朋友带自驾游的团，有好友给我介绍了一个身在北京的姑娘。这个姑娘很漂亮，学历高，有很多条件好的追求者。

我们加了微信，越聊越觉得对方就是自己等待的那个人。

她懂我。她一点儿也不物质，看重我身上那些异于常人的东西。

经过考虑，我们很慎重地把友情转化为爱情。我向她交了底：我现在一无所有，负债十多万。我跟她说："你找的这个男人不会大富大贵。"她不介意。我们决定在一起。

我回北京接她，一起先去了长沙。

去长沙是因为我的摩托车在那儿。前女友在长沙工作，当年我为了她不顾一切跑去那儿，进当地最大的房产中介公司干了半年。上班第一个月我就卖了一个小区里总价最高的房子。很多同事看我不顺眼，就觉得我凭什么呀。他们不懂，我堂堂一个北京的销售冠军跑到二线城市，这对我来说都是小事情呀。同事大多都是店长的亲戚，店长把我的一部分业绩不公平地划给了他弟弟。我跟前女友分手后马上离职走人，对这个地方没有留恋。因为要出去旅行，我把摩托车暂时留在了当地。

到了长沙，我骑摩托车带着心爱的姑娘去大理。那是我俩都喜欢的地方，我们要去那儿生活。

一千多公里的车程，女友坐后座，没脚蹬，够辛苦的。她到现在还抱怨，她的腰椎间盘突出就是那一趟落下的病根儿。

其实，我们的爱情是超越了皮囊的。我曾经跟女友开玩笑说："我俩要是谁出轨了，肯定会被对方掐死。"

我一直相信有真爱。真爱就跟梦想一样，你相信不一定能得到，但是你不相信肯定就得不到。

在大理，我们租了一栋五六百平的带院子的独栋别墅，自己住一间，多的房间分租出去。还养了一条小狗。我当时感觉，我想要的一切全有了——有真爱，有一方庭院，有喜欢的机车，有宠物，有内心的安宁。那种状态，真是此生足矣，夫复何求。

我很幸运，得到了真爱和自由这两样最宝贵的东西，哪怕明天就是世界末日，我也没有遗憾了。我一直秉持的一个心态就是，把今天当作最后一天来活。

在大理，我成了一个卖故事的人

大理是我的精神港湾。那儿有很多富二代、官二代、拆二代，也有很多和我有相似精神追求的人、不追求金钱权力的人、有趣的人，彼此理解各自的生活状态，大家相处起来像一个真正的家庭。在大理，从人们的表情能看出他们内心的祥和和精神的富足。这在大城市很少看到。大城市的人都是脚步匆忙，面色紧张，带着期望，带着不安，其中大多数人都没有得到自己想得到的。

在大理，我又干起了老本行，一边享受生活，一边卖房。由于我整个人放松下来了，做事的心态也就变了。

很多去大理买房的人都是有情怀的，跟他们一见面，我开口第一句话是："我走遍中国，只喜欢大理，就在这儿定居了。"我给他们讲自己的故事。我成了一个卖故事的人。

卖故事比卖房子轻松有趣多了。就算是带上千万的客户，我也总是说："您自己看看好了，买不买，您随意。我来大理就是生活的，钱只要够花就行。我已经不需要去证明什么了。"

我通过在网上发房源帖认识了一个北京的大姐，保险公司的高管，我们加了微信，很聊得来。她开玩笑说："小董，你就是我的人生导师啊。"

　　大姐经历过失败的婚姻，后来跟离了婚的初恋又走到了一起。当年追求的那些美好的东西，他们并没有放下，所以想到大理买房，以后在那儿养老。

　　就像对其他客户那样，我和她分享了自己的经历和追求。我说，那些美好的东西确实是存在的，是可以得到的。

　　大姐到了大理，买了一套300万的独院。后来她初恋去的时候，她把我的故事讲给了那个男人。

　　还有一个天津大姐，想在大理买套四五十万的小户型，我陪她看房，看来看去，最后看到三百多万的新房。那个新房项目我们公司并没有代理，大姐拉我去，虽然明知这一单赚不到钱，我还是陪她去看了，像朋友一样给她一些专业性的建议。

　　大姐买了那个项目的新房。其实后来这一单我也有了收入——案场销售帮我忙，把这单挂靠到其他的渠道，让我拿到了提成。这可能就是发心正的缘故吧。

　　有意思的是，大姐买完房，反过来带着我和女友满大理去看房。她特别欣赏我跟女友的爱情。她对我说，女人需要一个房子，这样才会有归属感和安全感。她不希望我俩以后分开，所以建议我俩也在大理买套房子，作为感情的纽带，把彼此绑在一起。我俩听从了她的建议，凑钱买了一套花园洋房（期房）。

我在大理卖房子，实际已经超越了工作的范畴，我好像在卖一些远比房子更有价值的东西，和客户像朋友一样分享人生。这样卖房才真的是卖出了我的价值。

我在大理的第一个月就卖了四套房，年度业绩做到全公司第一。这也是我继2009年之后唯一一次一份工作干满一年。

干满一年，我就离职歇了一年。那一年，真是神仙日子——和女友待在租来的别墅里晒太阳，看星星，两三天才出门买一次菜，真有点儿"但愿长醉不复醒"。

可惜，这样的日子注定不长久。家里没矿，还得干活。我给自己定了一个目标：三年挣一百万，然后带着这笔"梦想基金"彻底离开房产中介行业，找个好地方开一间民宿或者青年旅社。实在挣不了一百万，或者干得不开心，挣二三十万也行，开个小卖部。不求赚大钱，能维持我和女友的生活就好。这一点，我们已经达成一致。而要实现这个目标，在大理是不可能的。

我决定和女友带着小狗一起回北京。

动身前，我在心里默念：北京，请善待我一次。

我跪不下来

回到北京，我去了一个豪宅小区旁的小中介公司。

去的第二个月，我就卖了那个豪宅小区的一套房，创下了那家公司开单最快的纪录。有的同事去了两年都没开单，同事们都觉得我运气好。其实，他们不明白，是我的工作方式起了作用——我通过网络上的客户很快就成交了，而他们的方式是暴力守盘。

所谓暴力守盘，是如果外公司的人带客户来，就通过暴力的方式把同行赶出去，打架，打得鼻孔穿血。这是我的地盘，你不准来。

公司买通了一些关系，比如物业、居委会，出了打架的事也不管。

这种暴力守盘的方式是老板定的。老板本身就是个崇尚暴力的土皇帝。他把员工当狗一样，从精神到行为，控制你，压迫你，不允许你有自己的想法，一切都必须按照他的要求和标准来。比如他不能见你闲着，除了早晨、晚上可以坐在电脑前，其他时间都要出去"搬砖"，也就是去干跟产生业绩相关的事，你要去跟业主、客户聊天，你要去门口摆牌，你要去开发新客户。如果做不到，他就会对你施加精神暴力，辱骂，威胁。

老板的言谈举止让我觉得很压抑。每次开早会，老板斜躺在沙发上，跷着二郎腿，布置工作的时候脏话连天。不管他说什么，我们不能说不，只能点头，"嗯嗯，是的，好的"。

老板天天在员工群里发"鸡汤"，还只能给他点赞。对客户，他笑得稀烂；对员工，他有深仇大恨。

同事们都能感受到老板不尊重自己，但意识不到老板的精神控制，没有任何反抗，这是很可怕的。

老板用最笨最土的方法做事情。有一次，他在会上说，网络只是个辅助工具，你不能指着它，不然你可能一年都开不了单。他说这话的时候，我刚通过网络实现了公司有史以来最快的开单。这十年间我都是用网络开发客户，从来不在店面接待，因为不愿意很卑微地去跟客户套近乎。我喜欢客户主动给我打电话，这能让大家处在一个平等的位置上。

老板那么说的时候，底下的人像往常一样点头称是，没有疑义。我忍不住叫起来："什么？是我跟不上这个时代了，还是说我有点儿不太正常？"

我开单后，老板按惯例想让我自掏腰包帮公司做一些维护工作，我直接拒绝了："你不能支配我的收入，去做一些无意义的事情。"

因为多次冲突，老板对我怀恨在心。

我身边没有一个能说话的人，我跟同事聊的话题还没有跟一个小区保安聊的多。

这个保安已经被公司花钱买通了，他只要遇到想买这个小区房子的人，就会给同事们打电话，把客户介绍给他们。不过我跟这个保安接触，没有用任何利益性的东西去诱导他，就是跟他聊天，工作也好，人生也好，天南海北啥都聊。后来，再有客户来，他就直接给我打电话，叫我来带。我向他道谢，他说："小董你别客气，我就是认可你这个人，你接受就好，这是老哥我的一份心意。"

不过，这个保安给了我一些客户资源后，就有不良反应了——那些花钱买通他的同事不高兴了。不到一个月，他就被调走了。我不知道背后是谁在使坏，反正不是老板就是同事。被调走没几天，他就离职了。

我工作中唯一一个能说得上话的保安，就这么被邪恶力量"咔嚓"了。太黑暗了，已经触碰我的底线了。

北京，又扎了我一刀。

虽然我在这家公司有可能实现三年一百万的目标，但是让我失去尊严，跪下来像狗一样去赚这份钱，我内心的答案是绝不！

我不顾家人要我再坚持坚持的声音，又一次放弃了，或者说开始了又一次选择。

入职第三个月，离发工资还有十天，我就以脸上长痘痘的理由请假了。我不能马上离职，怕这一走就拿不到工资了。

工资到账的第二天，我去公司拿走私人物品就拜拜了。老板不在。我本来也没准备跟他打招呼。

同事们都不意外。一个稍微懂我的同事跟我说："你这几天请假我就已经猜到你会这么干了。"

这个同事和我聊天时说特别羡慕我的潇洒，不过他做不到。因为当在这儿能赚钱，又想赚更多的钱；或者说好不容易积累了一些资源，希望变现，他们就走不了了。有的同事，当初是老板央求来的，做了一段时间，资源有所变现，老板就开始有意无意地训斥他，吃定他这个时候已经离不开这儿了。我说，常人认为很重要的东西，我不太在意。

同事群里，大家都说我真潇洒。我对他们说，这种事对我来说已经习以为常了。

我发了一段临别赠言："很有幸跟你们走过这短短的一段路，以后我们有缘再见。但是我相信，我们这辈子不大可能再有共事的机会了。就像我在路上的时候跟很多人说再见，不过可能这辈子都不会再见了。"

他们都说："一路走好，后会有期。"

人都是有感情的，其实我很珍惜跟同事相处的时光，我很怜悯他们，也很舍不得他们，但是我不得不说再见，因为我跪不下来，也没当过狗。

我是那种要站着把钱赚了的人。

作为异类的心声

这十多年，我一次次离开房产中介行业，又一次次回来，除了生存压力，也因为这个行业最大的魅力就是能给人一定的自由。

在这个行业，公司只要业绩，我创造出一定的业绩，就可以有我自己的所思所想，有我自己的方式方法。业绩是王道，有了业绩，说什么都是对的，做什么都是对的。

这个行业还有一个特点，就是付出与回报是成正比的，入行的时候不需要出身二代，不需要有太多的关系跟人脉也能做好。在这个社会上来讲，还是相对公平的。

当然，这个行业也很残酷。二八定律，只有20％的人赚钱。进入这个行业的人，大部分都是带着希望来，带着失望走的。

为了赚钱，经纪人要付出很多常人难以想象的东西。曾经有一段时间，麦田公司全北京做得最牛的区域，领导是个女强人，团队中有很多姑娘，她们像疯子一样，开会喊口号，一个个嗓子喊哑了，眼中带血丝，你能看到她们那种激情，那种对达成目标的欲望。她们没日没夜地干活，晚上在公司打地铺，有些人累得月经不调才完成了目标。

我接触的大多数这个行业的人都是无趣的，没有自由，没有交际，没有乐趣，只有工作。

同行的这种生存状态，我很能理解，他们只能这么活着。很多农村出来的孩子，一穷二白的太多太多了，通过这个行业，他可以获得稳定的收入、稳定的生活，可以在老家或者环京买房子，可以成得起家，养得起孩子。当然，大多数人在北京养不起孩子，只能送回老家让父母带，成为留守儿童。

对我来说，同行的这种生活是很可悲的。他们失去了最宝贵的青春。一些在年轻时应该有的经历，他们都没有，所以我同情他们；因为懂得他们那些辛酸苦乐，我又敬佩他们。

当然，我不想成为他们。我不会为了赚钱而放弃自由，放弃尊严。我不会对任何黑暗不公妥协隐忍，从来都是反抗。接触身价上亿的客户，我也觉得彼此是平等的。我会跟客户聊旅行、高尔夫、滑雪，聊东西方差异。本色销售，佛系卖房，这是一直以来我在工作上给自己的定位。曾有客户跟我说，我跟其他经纪人不太一样，我的眼神里有灵魂。

这么多年，在这个行业，我常常有一种孤独感。我觉得自己就是一个异类，习惯了跟周遭格格不入。我的心境有点儿类似"三和大神"，赚一天钱，歇三天，反正人这一辈子，希望也好，绝望也罢，你都得活，不如按自己舒服的方式活。

2017年，我在流浪的路上发了两条朋友圈："我是现实世界中的弱者，精神世界中的王者。""我拥有了很多人没有拥有的东西，我又没有很多人所拥有的东西。"马斯洛的需求层次理论，我是反着来的。

我最近又发了一条朋友圈："我已经把所有想做的事情做完了，如今我要做我该做的事情。"

如今我该做的事情，就是为我和女友的"梦想基金"计划努力。我还是希望，北京能善待我一次。

有人说，好人当不了大官，也赚不了大钱。即使是这样，我还是会保持我的善良。我相信，当你善良地面对这个世界的时候，世界不会一直对你恶脸相向。

这个世界会好吗？很多种答案中，有一个我比较喜欢：这个世界一直很好，不好的是我们。

确实，这个世界是美好的，这是我这些年的真实感受。我之所以喜欢旅行，就是因为在路上能接触到美好的景色、美好的人、美好的灵魂。

在一次次的出世、入世中，我形成了自己的信仰——自由与公正，我相信这些东西会存在，会越来越好。

（部分人物为化名）

采访手记

一片树林里分出两条路——

而我选择了人迹更少的一条，

从此决定了我一生的道路。

访谈中，当董静姚说他在"我是谁、我在做什么、我想要什么"的灵魂拷问中要去做精神探索，开始走上一条与众不同的路时，我顺口诵出弗罗斯特的这句诗。董静姚点点头，眼里闪过一道光。

他让我看他手机里的一张图片：他在大理租的那套中式别墅，照壁的"福"字下面，停着他心爱的哈雷摩托。那是他的第七辆摩托了。

"这些年我走过了很长很长的路，我并不是想让别人知道我曾经拥有过什么，而是为之放弃了什么。这个世界的荒唐和可悲在于，那些所谓成功人士的路，成了大家都去走的路。"

我讲起自己的经历。我说，我也是个不正常的异类。彼此相视一笑。

他感慨，绝大多数人为了不让自己被视为异类，就会同化或者消灭不同的声音，只剩下一种声音，大家也就都是正常的了。在这个时代，格格不入，需要勇气，也需要代价。

五六个小时的采访结束，早已过了饭点，我请他吃面条。他说，每次聚餐，一些比较理解他的朋友从来不让他买单，他过意不去，这次回北京，拿到工资后，花三四千块回请了一圈，"还这么多年欠下的人情"。

谈及他的"梦想基金"计划，他坚持一点：低下头去做事，但不可以跪下。

分别后，我走在路上，收到他的微信，他希望我把如下一段话写进稿子："这些年有很多人说我是在逃避，逃避现实，我都会跟他们解释，逃避只是一部分，更多的是追求，追求我想要的一种人生状态。"

补记　用最大的热情度过短暂的一生

　　走过千山万水之后，2023 年 5 月，董静姚回到大理，租下一个院子，改造成喜欢的模样，作为他与妻子、宠物狗"事哥"的安乐窝，以及朋友们的接待站。他发朋友圈："我有一处院子，面朝洱海，背靠苍山，青砖白瓦，四季花开。"

　　他已经彻底告别了房产中介行业。

　　2021 年，董静姚进了北京一家房产中介公司。当时他在微信里跟我说这家公司"感觉还不错"，他准备好好干一把，争取早日实现挣到一百万"梦想基金"的三年计划。

　　不过，他的工作状态又跌入了重复不已的怪圈：前几个月爆发式地做出业绩；随后逐渐发现公司管理制度的不合理以及资源分配的不公正，他的"那种反抗心理就又出来了"。他开始喝闷酒，拿着两千多块的底薪成天坐办公室里怠工。

后来，他想明白了，因为自己的天性和坚持的东西，他已经无法接受通行的职场文化，也不可能找到那种能让自己长待下来的公司。

"当你觉得公平时，你是幸运的；当你觉得不公平时，你要把它视作一种常态。"董静姚说，"这两年越来越理解这句话，因此放下了，和解了，不再纠结。"没干满一年，他又辞职了。这一次，他给自己的房产经纪生涯画上了句号。他对自己多年来"从未跪着挣过一分钱"引以为傲，立誓坚持下去。

"灵魂上契合"的女友理解他。2022 年 8 月，两人在董静姚的家乡举办了不收份子钱的草坪婚礼。

当时，董静姚的妻子在京城一家公司做中层，月入两三万，非常累，他觉得那种身体上的伤害是收入远远弥补不了的，"人生要算大账"。夫妻俩决定离开北京。

"这一次，北京善待你了吗？"我问。

"还是没有。"董静姚说完，我俩都笑了。

我提到他在大理买的那套房子："你俩可以再去大理，把它改造成民宿啊。"

"烂尾了。"

没有解决方案的烂尾——当地政府要求那个楼盘所在区域的房产开发全部停止。"掏空四个钱包付了几十万首付，还了几年房贷，烂尾了，你还得接着还房贷，不然就得上银行的征信黑名单。"董静姚的语气出奇的淡然，"当这个新的伤害来临，我已经习以为常了。事情发生了，就坦然接受吧。"他表达抗议的方式是停贷。

"这事真有点儿黑色幽默，一个卖了十几年房子的人，自己买的房子烂尾了。"

"玩了半辈子鹰，最后被鹰啄了。"

我俩又笑。

同样遭遇烂尾的还有刘睿文。她和娘家人合买的一处海景房因为开发商资金链断裂而烂尾。有意思的是，她的一位在房产局当干部的同学买的房子也烂尾了。

刘睿文没有停贷，因为她相信会有其他开发商来接盘。事态发展终如她所愿，只是交房时间拖延到合同约定的两年之后。

刘睿文不像一些同行那么悲观。这几年，她一直在业务一线忙碌，最深的感受是二手房市场的重心已从房源端转为客户端，随着市场越来越规范，以及地税、建委等部门行政效率的提升，"现在进入了拼专业、拼服务的新阶段"。业余时间在心灵和生命探索方面的学习，让她获得了一种新的内在成长，视野更开阔，内心更有力量。她感恩自己所在公司的暖心、高效和服务升级，感恩生命中遇见的每一次变化。她信奉一句话：

"唯一不变的就是变化。"

张文莲的微信头像从工装照变成了"鱼戏莲叶间"——2022年，她以68岁的年龄从房产经纪业退休，也没有如之前设想的那样再去做事，比如开个民宿。因为白内障严重，家人不让她再干了。两年后再次受访，不变的是她的真诚："谢谢关心！请采访在职的精英们吧。"

这两年，张万宝工作的城市一直在变——从西安调到石家庄，再调到天津。他得了儿子，妻儿跟着他辗转各地。两年过去，激情不减。2023年3月底，他刚到天津，发了一条朋友圈："如果没有特别幸运，那就特别努力。从零开始，加油！"

这两年，王东东经历了一场不堪回首的变化——离职创业，开了一家房产经纪小公司，结果失败，只得回来继续上班。提及此事，他在微信里只给我发来一个哭脸的表情。

李静也不愿多谈工作，因为"这两年做的不好，不太好意思分享"。

"感觉生活太难了，不工作就没有饭吃。"武小军说。这两年他比以前更努力，更辛苦，才能做出和以前差不多的业绩。他每晚10点下班，每周仅有一天休息，一般也只是睡个懒觉，起来又去忙工作的事了。他不太看好北京的房市，因为"经济情况不好，失业的人比较多，好多人不敢买房子了"。

胡冬玲的变化将出现在三年后——届时，她的孩子小学毕业，作为"非京籍"，她将带娃回内蒙老家，送入当地初中。

我问她回老家还干这一行吗？她坚定地说，不了。

"干伤了？"

"厌倦了。"

厌倦了年年换公司的董静姚，于 2022 年 11 月骑上摩托车，带着妻子、一条狗和小两口在京攒下的 20 万元，回到老家辽宁桓仁。他发朋友圈："漂泊半生，归来仍是那个穷困少年。"

董静姚在老家"躺平"了几个月：住月租六百多块的南北通透、地热供暖的一室一厅，睡到"被阳光叫醒"，坐在妈妈配置的"躺平神器"摇摇椅上，吃着"妈妈牌粘豆包"，下乡吃席，下河抓鱼。"阳康"后，酒局不断，醉一天，晕一天。

他买了一辆二手小汽车，车身颜色是象征自由的蓝色，"它将陪着我勇闯天涯"。

他勇闯天涯的新目标是新疆——去那儿开民宿。在他看来，开民宿不仅是一桩生意，更是一种生活方式。当一个人把对一件事的热爱和自己擅长的东西结合起来，情怀之外，还可能变现。"我人生的前半段，一半是工作，一半是旅行。在人生的中场，我选择梦想。"

他计划和妻子在新疆待个三五年，再开启一段新旅程。不过，计划永远赶不上变化——去了之后才发现，由于当地特殊原因，个人开办民宿的手续很难办理。他们在新疆只待了不到一个月。

出发去新疆前夕，董静姚在朋友圈为梦想预热："我挣脱掉所有枷锁，只为拥抱自由！""按照自己的方式度过一生，才是生活真正的意义。"

2023年4月17日早晨，董静姚在朋友圈晒出他那辆行李塞满后备厢的蓝色小车："出发，两人一狗，说走就走。"

当天下午，他用得意的表情晒出妻子在路上发的一条朋友圈："等待了三年，准备了六个月，这一刻终于踏上旅程，去经历，去奔跑，去感受风和自由，去用最大的热情度过短暂的一生。朋友们，路上见。"

后记

2023 年 9 月初，一线城市全部落地实施"认房不认贷"，成为房市大松绑的节点，也给房市黄金时代画上了句号。

1998 年，结束福利分房，开启商品房市场；2002 年，全面确立经营性土地使用权招标拍卖挂牌出让制度。由此算起，中国房地产狂飙猛进了差不多二十年。

二十年间，房产中介行业得以大发展。在房产经纪人群体的参与和见证下，买房、卖房，以及随之而生的一个个算计、一次次角斗、一幕幕大戏，成为中国社会一道奇特景观。皆为房痴狂，谁解其中味？

作为一个写作者，何其有幸，能听见、写下这些热气腾腾的故事。

且让这本书作为对中国房地产黄金时代的一次回望、一个小结吧。

一个新的时代开始了。也许还会为房痴狂，还会满纸荒唐，不过，一切似乎已经不同了。借用张爱玲的话："时代的车轰轰地往前开。我们坐在车上，经过的也许不过是几条熟悉的街衢，可是在漫天的火光中也自惊心动魄。"

采写本书的一年间，我经历了生命中最为艰难的一段时期。书中的故事时时给我精神支撑，激励我从容地完成写作。于我而言，这是一次独特的成长之旅。

感谢接受采访的16位经纪人。在我面前，他们坦率分享自己的故事，哪怕是暗黑的过往。他们哭，他们笑，他们平凡，他们骄傲，他们是最棒的讲故事的人。身处一个遭受颇多误解和非议的行业，他们的挣扎与奋斗，他们与人打交道的智慧，他们的真实生存状态，是世道人心的鲜活呈现。他们就是我们。

感谢妻子睿文，不仅是书中口述者之一，而且从介绍采访对象到提供专业意见，给了我很大帮助。没有她就没有这本书。

感谢编辑陈卓，在选题成型之初就给了我不少极具价值的意见，为本书的出版付出很多心力。

感谢读者，你好，幸会！

2023年9月

图书在版编目(CIP)数据

为房痴狂：16位房产经纪人口述实录 / 刘青松著.
—南京：南京大学出版社，2024.2
ISBN 978 - 7 - 305 - 27076 - 5

Ⅰ.①为… Ⅱ.①刘… Ⅲ.①房地产业－经纪人－访
问记－中国－现代 Ⅳ.①K825.38

中国国家版本馆 CIP 数据核字(2023)第 120169 号

出版发行　南京大学出版社
社　　址　南京市汉口路 22 号　邮编　210093
WEI FANG CHIKUANG：16 WEI FANGCHAN JINGJIREN KOUSHU SHILU
书　　名　为房痴狂：16 位房产经纪人口述实录
著　　者　刘青松
责任编辑　陈　卓
照　　排　南京紫藤制版印务中心
印　　刷　江苏苏中印刷有限公司
开　　本　880 mm×1230 mm　1/32　印张 12.5　字数 248 千
版　　次　2024 年 2 月第 1 版　2024 年 2 月第 1 次印刷
ISBN 978 - 7 - 305 - 27076 - 5
定　　价　68.00 元
电子邮箱　Press@NjupCo.com
网　　址　http://www.njupco.com
官方微博　http://weibo.com/njupco
官方微信　njupress
销售咨询　025 - 83594756